[만든 사람들]
기획 … 실용기획부
진행 … 권현숙
집필 … 김성용
사진 촬영 … 김성용
표지 이미지 … 카페 Aisle(아일) + @연희동 VINCENNES
편집 디자인 … 디자인크레타(www.designcreta.com)
표지 디자인 … 디자인크레타(www.designcreta.com)

[책 내용 문의]
도서의 내용에 대한 궁금한 사항이 있으시면,
디지털북스 홈페이지의 게시판을 통해서 해결하실 수 있습니다.
디지털북스 홈페이지 … www.digitalbooks.co.kr

[각종 문의]
영업 관련 … digital@digitalbooks.co.kr
기획 관련 … ley35@digitalbooks.co.kr
전화 번호 … (02)447-3157~8

뚜벅이 김기자의 홍대입구
카페 산책 이야기
분위기 있는 연출사진촬영 TIP

뚜벅이 김기자의 홍대입구

카페 산책 이야기

분위기 있는 연출사진촬영 TIP

DIGITAL BOOKS
www.digitalbooks.co.kr

프롤로그

술을 잘 못하는 나에게 카페는 만남을 위한 대안의 공간이었다. 시끄럽고 어지러운 술자리에서의 만남보다는 조용하고 차분한 카페에서의 이야기 나눔이 훨씬 편하고 좋았다. 카페는 만남과 대화를 위한 장소였고 그곳에서 마시는 커피나 음료는 장소를 빌리는 값 정도로만 여겨졌다. 그러던 어느 날부터 카페의 변화하는 모습이 나의 시선에 목격되기 시작했다. 아마도 그것은 카페의 재발견 같은 것이라고 할 수 있을 것이다.

맛있고 다양한 종류의 커피와 차, 가볍게 즐길 수 있는 디저트와 와인, 종이컵에 담긴 테이크아웃 서비스 그리고 눈치 보지 않고 편하고 오래 머물 수 있는 장소의 자리까지... 그저 시간 때우기로 들르던 카페가 새로운 모습, 새로운 문화의 공간으로 탈바꿈하는 것이었다. 이제 카페는 더 이상 차와 앉을 자리만을 제공하는 상업적인 공간이 아닌 전시와 공연, 배움과 정보를 나누는 문화의 장이 되어가고 있는 것이다.

이러한 특색 있고 재미난 카페들을 특색 있고 재미난 방법으로 소개하고 싶었다. 카페를 가장 잘 보여줄 수 있고 카페를 가장 잘 활용할 수 있는 방법을 보여줄 수 있는 것이 바로 사진. 카페와 카메라 그리고 사진은 서로 어색하지 않게 아주 잘 어울릴 수 있는 짝들로 생각되었고 실제로도 그랬다. 환상적인 궁합을 보여주는 카페와 카메라 그리고 사진. 이들을 한 데 묶어서 책으로 엮을 수 있다는 사실이 행복하다.

카페의 사진촬영 팁을 함께 진행하기가 생각보다 쉽지는 않았다. 카페와 촬영 팁의 조화가 어려웠다기보다는 사진을 썩 잘 찍지 못하는 사람이 촬영 팁을 보여준다는 것 자체가 힘이 들고 두려웠다. 그래서 거창한 이론이나 전형적인 촬영 기술은 배제하고 쉽고 간단한 것, 미처 생각하지 못하고 빠트리기 쉬운 것들 위주의, 말 그대로 조언 정도의 팁을 기술했다.

빛을 읽고 빛을 이용하는 것이 좋은 사진을 만드는 첫째 조건이라면, 공간을 활용하고 구성하는 능력은 그 다음으로 중요한 조건이 될 것이다. 이러한 의미에서 카페에서의 사진촬영은 가장 중요한 두 가지 조건을 모두 배우고 익히기에 좋은 방법이 될 것이다. 왜냐하면 카페는 빛과 공간이 상당히 제약된 곳이어서 카페에서의 촬영을 하다보면 스스로 의도하지 않은 엄하고 혹독한 훈련 방법이 될 수 있기 때문이다. 그리고 이 책에서도 카페라는 특화된 공간에 맞추어 촬영 팁을 보여주고는 있지만, 소개된 촬영 팁은 모두 일반적인 사진 촬영의 방법을 응용한 것들이다. 즉, 카페가 아닌 일상적인 공간-카페가 일상적인 공간이 될 수 있는-에서도 충분히 활용할 수 있는 팁들이다.

사진에 익숙하지 않은 초보 사진가들에게는 이 책에 실린 촬영 팁을 그대로 따라해 볼 것을 권한다. 모방은 창조의 어머니라 하지 않았던가. 자신의 실력을 한 단계 업그레이드해 보려는 아마추어 사진가에게는 왜 이런 촬영 팁이 나왔는지를 생각하고 실행해 보기를 권한다. '쳇, 이 정도쯤은 알고 있어!' 라고 쉽게 넘어갈 수도 있겠지만, 사진의 기본에 대한 심도 있는 고민을 하는 계기가 될 수 있는 것만으로도 한층 나은 사진을 찍을 수 있을 것이다. 그리고 무엇보다도 사진과 카페를 좋아하는 사람들이 이 책에 소개된 카페들과 촬영 팁을 보면서 사진 찍는 즐거움과 차 한 잔의 여유를 누리는 행복한 시간을 가졌으면 한다.

이 책에 실린 카페와 사진 그리고 촬영 팁이 완벽하게 조화를 이룬다고 생각하지는 않으며 또한 촬영 팁을 본 사람들의 사진 실력이 급격히 향상되리라는 거창한 바람을 갖지는 않는다. 다만, 이 책을 봄으로써 카페와 사진을 하나의 문화로 수용하고 그곳을 찾아 카메라와 카페, 사진이 들려주는 이야기들을 즐거운 마음으로 들을 수 있고 더 많은 이야기들이 더해지기만을 바랄 뿐이다.

글쓴이 김 성 용

Contents

두 번째 카페마당

뚜벅이 김기자의 카페이야기

세 번째 카페마당

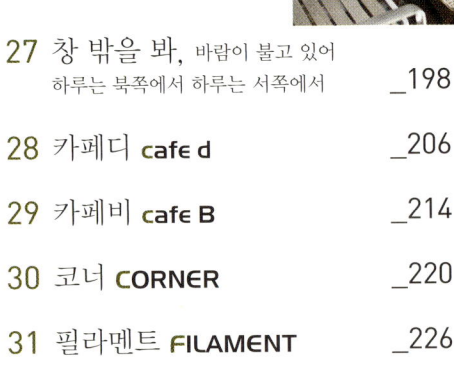

네 번째 카페마당

뚜벅이 김기자의 카페이야기 첫 번째 카페마당

mukta 묵타

- **Open** 09:00 ~ 02:00(월요일은 오후 3시부터)
- **Tel** 02-336-1488
- **Home** www.mukta.co.kr
- **Add** 마포구 서교동 364-11

외관, 전경

묵타(mukta)는 산스크리트 고어로 '내려놓다, 해방시키다' 라는 의미이다. 인도, 네팔 지역을 여행하다 만난 3명의 친구들이 뜻을 모아 짐을 부리고 쉴 수 있는 공간을 마련했다. 카페의 이름도 여행에서 얻은 영감에 의해 〈묵타〉로 짓게 되었다고... 일상이라는 긴 항로에서 잠시 짐을 내리고 쉴 수 있도록, 일상이라는 구속된 시간과 공간의 제약으로부터 잠시 벗어날 수 있도록 카페 〈묵타〉는 그렇게 조용한 골목 한 켠에 자리 잡고 있다.

 세부

세 명의 카페 마스터 모두 사진 찍기를 좋아해서 갤러리 카페를 만들기로 했다. 작가로 활동하던 한 명이 전시 기획을 맡아, 그래서 그저 그런 전시가 아닌 전문성을 지닌 전시가 열리고 있다. 천장 높이가 낮아 전시 공간으로서는 아쉬움이 남지만 아기자기한 공간과 각 공간을 연결하는 복도가 공간 탐구의 재미를 더해 준다. 전시 기간은 보통 2주 정도. 오프닝 이벤트와 엽서, 포스터 등을 지원해 준다. 전시중인 작품은 구입도 가능하다.

데스크 위에 놓인 랩탑에는 항상 〈묵타〉의 홈페이지 (www.mukta.co.kr)가 열려 있다. 홈페이지를 통해 전시중인 작품과 전시일정 등을 확인할 수 있고 전시 문의도 가능하다.

주방과 데스크를 겸하는 공간이 앞으로 나와 있고 옆쪽 복도에는 바 테이블이 길게 놓여져 있어서 밖에서 보는 카페 안은 조금 좁아 보인다. 그러나 원래 가정집이었던 공간은 안쪽으로 들어갈수록 넓어져서, 밖에서는 볼 수 없었던 아기자기한 방들이 카페 깊숙한 곳에 자리하고 있다. 두 개의 방과 복도로 구분되는 공간에서는 주제를 달리하여 전시를 할 수도 있고 따로 떨어진 외진 방은 책을 읽거나 개인 작업하기에 좋은 장소가 되어준다.

 메뉴

1 초코 머드 케이크(4,000원) + 아메리카노(4,000원) 찐득찐득한 초코 머드 케이크는 그 진한 맛 때문에 은근 중독성이 있다. 마스터가 호주에서 홈스테이를 할 때, 집주인 아주머니께 배운 맛 그대로 구워냈다는 케이크. 진하고 달콤한 맛과 입안을 가득 메우는 찰진 식감은 혀끝에 각인되어 생각할 때마다 입안에 침이 고이게 한다. 진하고 신맛이 적은 아메리카노와 함께 하면 한 끼 식사로도 충분.

2 〈묵타〉의 짜이(6,000원)는 향신료가 많이 들어가고 진한 맛이 나는 전통 인도식. 오랫동안 인도 여행을 다녀온 카페 마스터가 변형되지 않은 인도의 맛을 고스란히 담아냈다.

3 스트로베리 라씨(8,000원). 직접 만든 담백한 요거트에 과일을 갈아 넣은 진짜 인도식 라씨.

쿠폰과 리필에 대한 틀은 카페를 찾는 손님들의 반응을 살핀 후 만들 예정이란다. 지금은 안면 있는 단골손님들에겐 무료로 리필을 해주고 있다고... 병맥주와 하우스 와인(6,000원), 상그리아(7,000원) 등의 주류도 있다.

찰칵 찰칵 DSLR 촬영 Tip

멀리서도 눈에 띄는 〈묵타〉의 외벽은 사진 애호가들이 선호하는 장소. 인물을 돋보이게 해주는 무채색 벽과 카페 그림이 그려진 벽은 그 자체만으로도 카메라에 담고 싶은 풍경이다.
사진 찍기를 좋아하는 카페 마스터의 배려가 담긴 이곳은 카페 주인의 눈치를 보지 않고 마음대로 촬영을 할 수 있는 곳이기도 하다.

1/100s, F8, ISO 200

인물 촬영을 주로 하는 프로필 스튜디오나 웨딩 스튜디오에 가면 꼭 있는 배경이 바로 모슬린 배경. 얼룩한 무늬와 어두운 색이 섞인 배경지로 인물 촬영에 많이 쓰인다. 모슬린 배경은 그냥 보면 어지럽고 지저분해 보이지만 조명을 받으면 밝은 인물 뒤에서 깊이 있는 셰도를 만들어 주기 때문에 입체감을 만들고 인물을 돋보이게 한다. 〈묵타〉의 무채색 벽은 어지러운 붓 자국과 어두운 회색으로 모슬린 배경과 비슷한 효과를 낸다.

모슬린 배경을 닮은 〈묵타〉의 벽 앞에서 인물 촬영을 해보자. 주의할 점은 인물과 배경을 분리하기. 인물과 배경이 분리되어야 입체감도 생기고 인물도 부각된다. 인물과 배경을 분리한다고 인물과 벽 사이의 거리를 멀리 하라는 것은 아니다. 벽과 사람의 거리도 중요하지만 더욱 중요한 것은 빛의 양. 부각되어야 할 대상이 배경보다 더 많은 빛을 받아야 입체감도 생기고 분리되는 느낌도 든다. 그렇다면 동일한 빛이 들어오는 공간에서 어떻게 한 쪽에 더 많은 빛을 줄 수 있을까? 그럴 때 스트로보나 반사판을 사용해보자. 1/2 stop 정도의 노출 차이만 생겨도 모슬린 배경의 효과는 크게 나타날 것이다.

1/160s, F8, ISO 200

실외에서 건물 외벽이나 벽화를 배경으로 촬영할 때는 흐린 날이나 그림자가 드리운 이후가 좋다. 한낮의 강한 햇빛은 짙은 그림자를 만들어서 화면의 콘트라스트를 강하게 하고 전체적인 노출의 밸런스도 깨뜨리기 때문에 배경의 디테일을 망가뜨릴 수 있다. 반대로 흐린 날이나 그림자 아래에서의 빛은 화면의 곳곳에 균등하게 닿아서 부드러운 사진을 만들어 준다. 그림이나 사진의 복사 촬영을 그림자가 진 곳에서 하는 것도 같은 이유에서이다.

Tip in Tip _ 시멘트벽과 인물 촬영

어떤 배경이 인물 촬영에 좋은 배경일까? 많은 사진가들이 선택하는 배경은 어떤 형태나 색 등의 조건을 갖춘 장소나 형태가 아니라 구성된 구도, 정리된 화면 속에 남아있는 공간이다. 멋진 형태, 예쁜 색을 찾아서 사진의 배경으로 세우기보단 사진의 주제에 맞도록 배경을 정리하고 화면을 구성한다는 것이다.

28-70mm 1/60s, F5.6, ISO200

28-70mm 1/250s, F4.5, ISO200

멋진 배경을 찾는 것이 아니라 멋진 배경으로 만든다고 해야 할까. 분명 가을의 주산지나 담양의 메타세쿼이아 길처럼 그냥 보기에도 좋은 곳들이 있다. 그러나 아무리 아름다운 풍경이라 하더라도 화면에 제대로 담아내지 못한다면 좋은 배경이 될 수 없다. 그렇다면 어떻게 배경을 정리하고 화면을 구성하는 것이 좋은 방법일까? 가장 일반적이고 기본적인 룰이 바로 심플하게 촬영하라는 것이다. 배경을 정리한다는 말은 말 그대로 불필요한 요소들은 빼고 지저분한 것들을 치우라는 의미이다. 대상을 향하는 카메라 파인더의 구석구석을 유심히 살피고 화면을 최대한 심플하게 구성할 수 있도록 주변의 잡다한 것들을 잘라내서 꼭 필요한 것만을 담으라는 말이다.

회색빛 블록과 블랙의 프레임만 있다고 심플하고 모던한 느낌의 사진을 만들 수 있는 것은 아니다. 심플한 느낌을 살리려면 화면과 구도 자체가 심플해야 한다. 한 화면에 너무 많은 요소들은 필요 없다. 특징을 살릴만한 한두 가지의 요소면 충분하다. 콘크리트 블록과 철제 프레임이 특징이라면 화면에 그것만 담으면 된다. 심플한 느낌은 심플한 구성에서 오는 것이다.

28-70mm 1/320s, F4.5, ISO200	28-70mm 1/13s, F4.5, ISO200

테라스라는 한 공간에서 느낌이 전혀 다른 사진을 만들려면 어떻게 해야 할까? 답은 간단하다. 사진은 카메라 파인더에 보인만큼만 프레임으로 나타난다. 즉 원하는 느낌이 나도록 필요한 부분만을 프레임에 담으면 되는 것이다. 블록 담과 화분이 시골집 마당 같은 느낌을 만들어준다면 그 부분만 프레임에 담아보자. 불필요한 요소들을 최대한 제외시키고 표현하고 싶은 것만 본다면 공간은 전혀 다른 모습으로 사진에 나타날 것이다.

남광빌딩

천풍빌딩

유남빌딩

원빌딩

섬

블록

리채빌딩

대유빌딩

훼미리마트   삼   트리니티

성화빌딩

홍대프라자

민들레영토   대윤빌딩

오더너리

석진빌딩   개나리빌딩

문예빌딩   엘로커피   금산빌딩   카페이야기

동강빌딩   묵타   제너럴닥터

멜로우   진흥하이츠원룸

풍산빌딩

나원빌딩   청송빌딩

동성빌딩

우신빌딩   서명빌딩   상상마당카페   유창빌딩

02

mellow 멜로우

- ▪▪ **Open**   12:00 ～ 23:00(일요일 휴무)
- ▪▪ **Tel**   017-725-9884
- ▪▪ **Home**   http://blog.naver.com/cafe_mellow
- ▪▪ **Add**   서울시 마포구 서교동 368-7

mellowmellowmellow
mellowmellowmellow
mellowmellowmellow
mellowmellowmellow

OPEN

OP
CL

mellow mellow

Internet

외관, 전경

외진 골목길에 놓인 빨간 입간판이 지나던 발걸음을 멈춰 세운다. 검은 문틀과 어둑한 창 앞에 놓여 더욱 선명한 빨간 기둥은 마치 '이곳에 멈추시오' 라는 신호를 보내는 신호등 같기도 하다. 간결한 외관과 깊고 어두운 실내는 디자인적인 조화를 이루어 공간에 대한 호기심을 불러일으킨다. 심플하지만 무언가 비밀을 간직한 듯한 공간, 멜로우의 첫인상이다.

멜로우의 공간은 'ㄱ'자 모양으로 두 군데로 나뉜다. 창 앞, 데스크와 주방이 있는 공간은 넓은 테이블이 있어 단체 모임이 가능하고 안쪽 공간은 마스터의 시선이 닿지 않아 눈치 보지 않고 긴 시간을 보낼 수도 있다.

세부

출입문 바로 앞의 선반은 천장부터 바닥까지 이어져 있어(가정집의 지하공간이라 천장이 높지 않다) 자연스럽게 공간을 분리시켜주고 채광효과를 살렸다.

깔끔한 외관과 마찬가지로 실내 공간 역시 간결하고 아담한 느낌이 든다. 나무 소재와 블랙, 화이트, 레드로 통일한 공간은 모던과 빈티지의 컨셉트가 적절하게 혼합되었고 전체적인 디자인은 눈이 피곤하지 않은 편안함을 제공한다.

두 테이블을 연결하면 꽤 많은 사람이 앉을 수 있는 단체석이 된다. 각 테이블에는 낙서를 할 수 있는 색연필과 노트 그리고 랩탑을 쓸 수 있도록 콘센트가 준비되어 있다.

가구디자인을 전공한 카페 마스터는 자신만의 공간을 디자인하고 싶었다고 한다. 그래서 카페에는 본인 취향의 가구들과 직접 디자인 한 의자와 테이블이 곳곳에 놓여 있다. 카페 입구에 놓인 고래 꼬리는 마스터가 만든 고래 꼬리 모양의 의자.

메뉴

1 멜로우의 주력 메뉴 멜코(6,000원). 초콜릿을 녹여 과일과 빵을 찍어 먹는 퐁듀이다. 사람들에게는 초콜릿을 직접 녹여 먹는 것에 대한 로망이 있음을 파악하고, 초콜릿 퐁듀를 쉽고 싸게 먹을 수 있도록 개발한 메뉴. 멜로우의 초콜릿 메뉴에 사용되는 초콜릿은 벨기에산 칼리바우트. 진하면서도 부드러운 맛이 일품이다. 핫초코를 만들어 마실 때, 초콜릿이 모자라면 추가해 주기도 한다고. 초콜릿을 녹이는 멜코 잔은 멜로우에서만 볼 수 있는 디자인 제품. 마스터가 직접 디자인했다.

2 와인 레몬에이드(6,000원). 레몬에이드에 와인을 부어 장식을 했다. 적은 양의 와인이지만 와인 맛을 충분히 느낄 수 있어 분위기를 내고 싶을·때 제격인 메뉴다.

3 게살 호기 샌드위치 (7,000원) 부드러운 게살과 호기빵의 식감이 어울려 담백한 맛을 낸다. set로 주문하면 2,000원 추가에 아메리카노나 오렌지주스를 마실 수 있다. 커피류는 1,000원 추가에 아메리카노로 리필해준다. shot 추가는 500원 추가.

찰칵 찰칵 DSLR 촬영 Tip

선반 너머로 보이는 인물을 촬영해보자.

선반의 칸막이는 화면의 프레임을 분할하여 분리된 공간을 만들어준다. 각각의 공간에 인물을 배치함으로써 재미있는 사진을 연출할 수 있다. 조리개를 열어(조리개 F수치가 작아지도록, 적어도 F5.6 이하로 수치를 낮춰야 효과가 나타난다) 피사계 심도를 낮추고 한 번은 가까운 선반에 한 번은 멀리 있는 인물에 초점을 맞춰서 촬영해 보자. 가까운 선반에 초점을 맞추면 뒤쪽의 인물이 흐려져서 전체적으로 화면을 분할한 느낌을 강조할 수 있고, 인물에 초점을 맞추면 앞쪽의 선반이 흐려져서 영화나 드라마의 한 컷처럼 인물이 강조되는 느낌을 받을 수 있다.

28-70mm F2.8, 1/4s, F5.6, ISO 200

28-70mm F2.8, 0.5s, F11, ISO 200

안쪽 벽면의 벽화는 공간의 반영 이미지를 그려 넣은 것. 실제로 테이블과 의자, 스탠드 등을 배치한 후, 거울이 반영하듯 반대편의 모습을 벽면에 그렸다. 벽화를 마주보고 있으면 마치 거울을 보는 듯한데 다른 카페에서는 볼 수 없는 특이한 공간이다.

벽화의 특징을 살려 촬영하려면 정면에서 벽면 전체를 담는 것보단 부분의 디테일만을 촬영하는 것이 좋다. 벽화 전체를 찍을 경우에는 반영된 이미지라는 특징보다는 벽화의 이미지가 강조되는데 이럴 경우에는 벽화의 특징이 보이는 부분만을 촬영하여 강조함으로써 본래의 촬영 의도를 살릴 수 있다. 어떤 경우에는 한 부분의 이미지가 전체를 대표하는 이미지가 될 수도 있기 때문이다.

28-70mm F2.8, 0.3s, F5.6, ISO 200

28-70mm F2.8, 1/6s, F5.6, ISO 200

Tip in Tip _ 텅스텐 조명과 DSLR 촬영

노랗고 따뜻한 백열 조명은 카페의 분위기를 완성하는 중요한 역할을 한다. 그래서 대부분의 카페에서는 백열등, 일명 텅스텐 조명을 사용하는데, 이것이 사진의 결과물에 약간의 문제를 일으키기도 한다. 문제가 되는 부분은 바로 색온도, 즉 '화이트밸런스를 어떻게 맞출 것인가'이다. 눈으로 보는 텅스텐 조명은 아늑하고 따뜻한 느낌이다. 약간의 노란 기가 느껴지지만 그리 거슬리는 편은 아니다. 오히려 살짝 드러나는 노란 빛이 늦은 오후의 햇살을 닮아 편안하고 자연스러운 분위기를 연출해주기도 한다. 그러나 이런 따뜻한 느낌의 텅스텐 빛을 사진에서 제대로 표현하기란 여간 어려운 일이 아니다. 필름이든 디지털이든, 텅스텐 빛은 어떤 때는 너무 노랗게 나오기도 하고 어떤 때는 창백하도록 퍼렇게 나오기도 한다. 어떻게 하면 따뜻하고 부드러운 텅스텐 빛을 눈으로 본 그대로 표현할 수 있을까?

17mm, 0.6s, F8, ISO200

CUSTOM

TUNGSTEN

AWB

(여기에서는 화이트밸런스의 조정이 가능한 디지털카메라 위주로 촬영팁을 작성했다.)

천정의 텅스텐 조명이 잘 보이도록 로우앵글로 천장을 촬영했다. 주조명은 모두 텅스텐 조명으로 색온도가 다른 광원이 섞이지 않았으며, 촬영도 저녁에 진행해서 햇빛의 유입을 막을 수 있었다. 첫 번째 사진은 오토 화이트밸런스 모드. 전체적으로 붉은색 기가 많이 끼었고 섀도 부분에서는 붉은 기가 짙어지고 있다. 텡스텐 광원 자체에도 붉은 기가 남아 있다. 두 번째 사진은 텅스텐 모드로 촬영한 것으로 전체적으로 녹색 기가 끼었다. 텅스텐 광원의 색은 가장 실제 색에 가깝다. 세 번째 사진은 하얀색을 기준으로 한 커스텀 모드. 천장에 걸려 있는 하얀색 티가 하얗게 보인다. 전체적으로 잡색이 빠지고 옷과 파이프, 칠판 등이 제 색을 찾았지만 텅스텐 조명 특유의 노란빛과 따뜻함이 사라져서 차가운 느낌이 든다. 실제와 비슷한 색을 내기 위해서는 오토 모드에서 붉은 기를 빼주는 것이 좋을 듯 싶다.

마찬가지로 오토, 텅스텐, 커스텀 모드 순으로 촬영했다. 하나의 강한 텅스텐 광원이라는 조건 하에서는 오토 모드가 붉은 기는 조금 끼었지만 실제에 가장 가까운 색을 보여주고 있다. 텅스텐 모드에서는 마찬가지로 광원의 색은 잘 살렸지만 전체적으로 녹색 기가 많이 보인다. 커스텀 모드는 모든 잡색이 빠진 깔끔한 색을 보여주지만 텅스텐 조명 특유의 노란빛은 모두 소실됐다. 전등의 빛도 하얗고 창백하게 변해버렸다.

텅스텐 조명 아래에서 다양한 색상의 옷을 촬영해 보았다. 앞의 두 경우와는 다르게 프레임 안에 광원이 포함되지 않았고 피사체와 광원 사이의 거리도 먼 상황이다. 오토와 텅스텐 모드로 촬영한 사진들은 전체적으로 잡색이 많이 끼어서 텅스텐 조명 특유의 온화하고 따뜻한 분위기는 살리지 못하고 우중충해졌다. 빛의 양이 충분하지 못한 결과로 보인다. 커스텀 모드는 텅스텐 조명의 분위기를 살리지는 못하지만 옷들의 색은 바르게 재현되었다. 카페 분위기와는 별개로 제품 사진을 찍는다면 커스텀 모드가 가장 알맞은 화이트밸런스를 제공함을 알 수 있다.

텅스텐 빛을 제대로 표현하기 위해 세 종류의 화이트밸런스 모드로 촬영해보았다. 오토와 텅스텐 모드에서는 상황에 따라 실제와는 조금씩 차이를 보이는 결과물을 볼 수 있었고, 하얀색을 기준으로 한 커스텀 모드에서는 눈으로 보는 것과는 전혀 다르지만 사물의 본래 색을 재현해 주는 것을 알 수 있었다. 결론적으로 우리가 눈으로 보는 텅스텐 빛을 똑같이 재현해주는 화이트밸런스 모드를 찾기란 어려웠으며 같은 화이트밸런스 모드라도 상황에 따라 조금씩의 차이가 발생함을 알 수 있었다. 결국 화이트밸런스도 노출과 마찬가지로 상황에 따라 측정값이 달라지는 것이고, 정확한 재현을 위해서는 보정이 필요한 것임을 알게 되었다.

Tip in Tip

이러한 보정은 촬영 당시보다는 촬영 후가 편한데, 보정의 편의를 위해서는 RAW 파일로 촬영하는 것이 가장 좋은 방법이 되겠다.

남광빌딩

천풍빌딩

유남빌딩

원빌딩

섬

블록

리채빌딩

대유빌딩

훼미리마트

샴

트리니티

성화빌딩

홍대프라자

민들레영토

대윤빌딩

오더너리

개나리빌딩

석진빌딩

문예빌딩

엘로커피

금산빌딩

카페이야기

제너럴닥터

동강빌딩

묵타

멜로우

진흥하이츠원룸

풍산빌딩

나원빌딩

청송빌딩

동성빌딩

우신빌딩

서명빌딩

상상마당카페

유창빌딩

03

뚜벅이 김기자의 카페이야기 첫 번째 카페마당

Sangsang madang 상상마당

- **Open** 12:00 ~ 24:00(금, 토요일은 새벽 1시까지, 매월 첫째 주 월요일 휴무)
- **Tel** 02-330-6232
- **Home** www.sangsangmadang.com
- **Add** 서울시 마포구 서교동 367-5

외관, 전경

상상마당 카페는 홍대 앞 카페 중 실내 면적이 가장 넓은 곳에 속한다. 상상마당 건물 한 개 층이 전부 카페로 운영된다. 넓은 공간에 비해 테이블 수는 많지 않다. KT&G가 운영하는 비영리 공간이기 때문이다. 듬성듬성 놓인 테이블은 카페를 더욱 넓어 보이게 하는데 그만큼의 여유로움도 함께 느껴진다.

 **세부**

카페는 흡연이 가능한 창가 쪽과 금연인 안쪽 공간으로 분리되어 있다. 흡연 공간과 금연 공간은 통유리로 된 유리벽에 의해 완전히 나뉘는데 건너편이 훤히 보이기 때문에 답답하거나 막힌 느낌이 들지는 않는다. 다른 카페에서는 흡연 좌석은 구석이나 모퉁이 방, 야외 테라스 등으로 몰렸지만 상상마당에서는 반대로 흡연 좌석이 전망 좋은 창가 자리를 차지하고 있다. 상상마당은 바로 KT&G가 운영하는 문화 공간이기 때문이다. 카운터에서는 담배도 구입할 수 있으니 상상마당 카페는 흡연자를 위한 배려가 우선하는 곳이다.

상상마당 빌딩 6층에 있는 카페는 홍대 앞 카페 중 최고의 전망을 제공한다. 테라스에서는 홍대 앞 지역을 모두 둘러볼 수 있어서 마치 전망대에 올라온 듯한 느낌이다.

상상마당은 문화 행사가 많은 곳이다. 그래서 이곳 카페에서는 문화, 예술에 관련한 사람들을 많이 볼 수 있단다... 작가들의 출판기념회나 팬미팅, 촬영 등의 행사가 많고 가수 알렉스의 뮤직비디오도 이곳에서 촬영했다고 한다.

안쪽 공간과 창가 쪽 공간으로의 이동은 유리벽 양끝에 있는 회전문을 통해 가능하다. 카페에 처음 왔다면 칸막이처럼 생긴 회전문 때문에 입구를 찾지 못해 당황할 수도 있으니 주의하자. 묵직한 회전문을 밀고 들어서면 빙빙 돌던 회전문이 어느새 제자리로 돌아와 칸막이인 척 서 있다. 단순한 회전문인 줄 알았는데 첨단 자동문이었다는.. 또한 최고의 전망을 보여주는 남자화장실. 정말 시원하게 일을 볼 수 있다.

카페에는 음악평론가 임진모씨가 기증한 4,300여 장의 CD가 장식장을 빼곡히 채우고 있다. 장르 구분 없이 다양한 음악을 들을 수 있으며 신청곡은 직원에게 문의하면 된다. 분실 우려 때문에 CD를 직접 열람할 수는 없다고 한다.

🍳 메뉴

1 오후 12시부터 3시까지는 달걀, 수제 소시지, 버섯과 구운 토마토, 생과일주스가 나오는 브런치 세트(9,500원)를 주문할 수 있다.

뽀득한 수제 소시지는 하나만 먹어도 배가 찰 정도. 달걀은 오믈렛이나 스크램블로 선택 가능하고 생과일주스(단품 6,000원)는 키위, 망고, 자몽, 토마토가 있다. 세트 메뉴에 천 원만 더 내면 따뜻한 아메리카노가 추가되니 두 명이 카페를 찾았다면 세트 메뉴를 주문할 것을 추천. 40여종의 와인과 병맥주도 있으니 멋진 야경을 즐기며 즐거운 저녁 시간을 보낼 수도 있다.

2 카라멜 마끼아또(5,500원)

3 카푸치노(5,000원)

상상마당은 회원 카드를 발급하고 있다. 일반회원은 포인트 적립이 가능하고 VIP 카드는 10% 할인의 혜택을 받을 수 있다.

찰칵 찰칵 DSLR 촬영 Tip

동일한 모양의 반복이나 집합을 패턴(pattern)이라고 한다. 우리의 주변에는 많은 종류의 패턴이 있지만 실제로 우리가 인식하는 패턴은 그 수가 적다. 우리가 패턴을 잘 알아보지 못하는 이유 중 하나는 우리 눈의 화각이 무척 넓기 때문이다. 많은 것을 볼 수 있는 우리 눈과는 달리 렌즈의 화각은 훨씬 좁고 한정되어 있다. 그렇기 때문에 카메라 파인더를 들여다 볼 때, 우리는 평소에는 인식하지 못하고 스쳐 지나가던 일상의 패턴들을 쉽게 발견할 수 있는 것이다. 그리고 사각의 프레임 안에 가득한 일정한 무늬들은 색다른 즐거움과 미학적인 탐색을 접하게 해준다. 사진만이 쉽게 보여줄 수 있는 특별한 경험인 패턴을 카페 속에서 찾아보자.

28-70mm, 1/13s, F5.6, ISO200

패턴을 가장 또렷하게 보여주는 방법은 정면에서 촬영하는 것이다. 정면에서 바라보는 반복적인 모양과 일정한 순서는 형태의 미를 부각시켜 재미있는 사진을 만들어준다. 하지만 전체 화면이 똑같은 모양의 배열만으로 이루어질 때는 단조롭고 평면적인 사진이 되어서 오히려 재미를 반감시키기도 한다. 이럴 때는 형태의 원근감을 강조시켜주는 사선 구도를 활용해 보자. 반복적인 패턴과 원근감의 조화는 사진이라는 평면 내에서 입체감을 살려줄 것이다.

28-70mm, 0.4s, F14, ISO200

28-70mm, 1/30s, F5.6, ISO200

28-70mm, 1/8s, F5.6, ISO200

남광빌딩

천풍빌딩

유남빌딩

원빌딩

섬

블록

리채빌딩

대유빌딩

트리니티

훼미리마트

샴

성화빌딩

홍대프라자

민들레영토

대윤빌딩

오더너리

엘로커피

석진빌딩

개나리빌딩

문예빌딩

금산빌딩

카페이야기

제너럴닥터

동강빌딩

묵타

멜로우

진흥하이츠원룸

나원빌딩

풍산빌딩

유창빌딩

동성빌딩

청송빌딩

우신빌딩

서명빌딩

상상마당카페

04

뚜벅이 김기자의 카페이야기 첫 번째 카페마당

General doctor 제너럴닥터

- **Open** 10:30 ~ 24:00(진료는 평일 오후 7시, 토요일 오후 4시까지)
- **Tel** 02–322–5961
- **Home** www.generaldoctor.com
- **Add** 서울시 마포구 서교동 98 3층

외관, 전경

'제너럴닥디'는 전문의가 아닌 일반의를 말한다. 카페 〈제너럴닥터〉는 진짜로 일반의 두 명이 운영하는 병원 겸 카페. 병원과 카페가 만났다. 무언가 어색하고 특별하다는 생각이 들겠지만 이런 속사정을 모르고 카페를 찾는다면 그저 널찍하고 편안한 분위기의 예쁜 카페에 왔을 뿐이다.

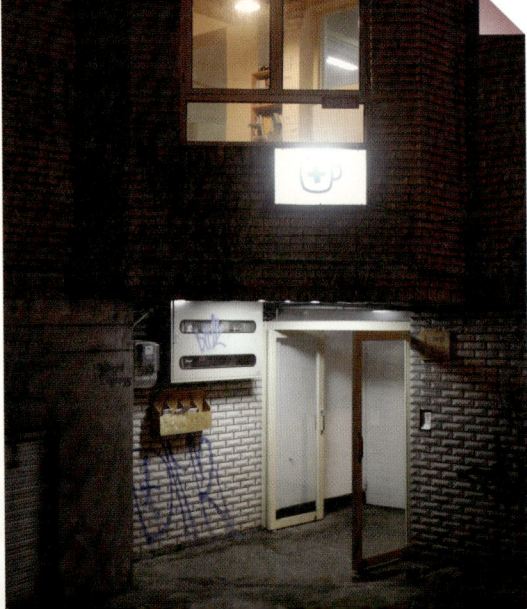

세부

카페에 비치된 소품들은 진짜 빈티지 물건들. 인위적인 것을 배제하고 자연스런 분위기를 연출하기 위해 마스터가 직접 구입하고 수집한 물건들로 내부를 꾸몄다. 투박해 보이는 가구들은 직접 제작한 것들. 손님 마음대로 옮기고 배치해도 상관은 없으나 낙서는 말아달라고…

곳곳에 보이는 애플 컴퓨터는 카페 마스터의 취미. 카페에서는 종종 애플동호회 모임도 열린다.

카페에서는 작품 전시회도 열리고 있는데 작가, 학생, 일반인의 구분 없이 전시가 가능하다. 작품 선정은 작가의 전문성이나 작품의 수준보다는 공간에 어울리는 작품으로 한다고…

현관을 들어서서 마주 보이는 구석 공간이 〈제너럴닥터〉의 진료실이다. 하얗게 칠한 벽돌담과 병원에서 볼 수 있는 간이 칸막이가 미약하게나마 진료실 분위기를 만들어 준다. 주로 진료와 상담만을 하기 때문에 안쪽 공간은 특별할 것 없는 사무실 분위기. 보험 진료만 가능하고 진료비는 의료법상 꼭 받아야 한다고... 환자와의 소통을 중요시하고 효율적인 진료를 하기 위해 진료시간은 적어도 30분 이상 필요하다. 그래서 진료는 예약제로만 운영되고 예약은 오전 중에 가능하다. 아직 병원을 찾는 환자보다는 카페 손님이 많지만 병원 가기를 싫어하는 아이들이 많이 찾아온다고...

병원에서는 금연이 상식. 〈제너럴닥터〉는 카페이면서도 병원이기 때문에 전석 금연이다.

 메뉴

1 푸짐하고 영양 많은 병원식(8,000원). 병원에서 제공하는 병원식이 양도 많고 푸짐한데 맛까지 좋다? 식감 좋은 빵과 새콤한 드레싱을 곁들인 샐러드, 거기에 햄과 달걀까지. 혼자 먹기엔 많아 보이는 병원식이다. 커피나 사과주스를 추가한 세트 가격은 10,000원.

2 아삭한 채소와 영양 많은 새싹이 가득한 샌드위치(6,800원). 유명 빵집에서 주문하는 샌드위치 빵은 구입 가격만 판매 가격의 1/3 정도. 건강을 생각한 재료들을 사용하다보니 재료비가 만만치가 않다. 커피가 나오는 샌드위치 세트 가격은 8,800원 생과일을 갈아 넣은 에이드는 6,800원.

3 핸드드립 아메리카노(4,300원). 커피는 모두 핸드드립하기 때문에 1,200원의 리필료를 받는다.

마일리지 스탬프에는 5,000원에 도장 1개를 받을 수 있다. 도장 10개를 찍으면 아무음료나 무료로 서비스된다.

초콜릿과 인디밴드의 CD 등 여러 소품을 판매하고 있다.

찰칵찰칵 DSLR 촬영 Tip

〈제너럴닥터〉는 다른 카페에 비해 넓게 트인 공간이 특징이다. 한눈에 들어오는 실내 전경과 정돈되지 않은 듯한 인테리어는 다른 카페에서는 볼 수 없는 색다름이다. 이렇듯 다양한 소품과 테이블이 놓인 넓은 카페를 배경으로 인물 사진을 찍는다면 어떤 사진이 나올까?

눈으로 봤을 땐 예뻤던 공간이 사진으로 보면 지저분하고 정리되지 않은 곳으로 되는 경우가 있다. 사진으로 보는 것과 눈으로 보는 것에는 다소 차이가 있다. 눈으로 보는 풍경은 입체적이지만 사진은 평면적이다. 사람은 두 눈으로 보고 사진은 한 눈으로 보기 때문이다. 한쪽 눈을 감고 보면 이러한 입체감의 차이를 느낄 수 있다. 〈제너럴닥터〉의 실내가 그러하다. 눈으로 보기에는 예쁘지만 사진으로 보면 지저분해 보일 수 있는 공간이다. 이렇듯 넓고 다양한 물건이 많은 공간에서 촬영을 할 경우에는 배경을 흐릿하게 만들어서 공간을 정리해보자.

`50mm 1/15s, F2.2, ISO400`   `50mm 1/50s, F2.2, ISO400`

조리개를 열고(조리개의 F수치가 낮아지도록) 피사계 심도를 낮춰서 배경을 흐릿하게 만들어보자. 피사체가 되는 인물에 초점을 맞추고 조리개를 열어서 촬영하면 인물은 또렷해지고 배경은 흐려진다. 자칫 지저분해 보일 수 있는 인물의 뒷공간을 흐릿하게 하고 형태를 뭉갬으로써 깔끔하게 정리할 수 있다.

`50mm 1/50s, F1.8, +2.0ev, ISO400`

흐릿하게 형태가 무너진 배경과 또렷하고 선명한 인물의 대조는 인물을 배경으로부터 분리시키고 공간 속에서 인물을 부각시키는 효과를 낸다. 이러한 사진은 입체감과 공간감을 살려주고 인물이 강조되는 환상적인 분위기를 만들어주는데 이러한 특징을 살려서 좀더 몽환적인 분위기의 사진을 찍고 싶다면 인물의 앞뒤로 사물을 배치해 보자. 인물을 둘러싼 흐릿한 배경은 멜랑콜리한 분위기를 선사할 것이다.

50mm 1/160s, F1.8, +1.5ev, ISO200

50mm 1/40s, F1.8, ISO400

거울에 비친 모습을 촬영하면 자동적으로 배경을 흐릿하게 만들 수 있다. 거울에 비친 상은 실제 대상보다 멀리 있거나 가까이 있기 때문에 거울의 반사상에 초점을 맞추면 실제 대상은 자동적으로 초점에서 벗어나게 된다. 거울에 반사된 상을 촬영하는 것은 일종의 특수효과로 독특하고 재미있는 사진을 만들어준다. 거울에 비친 상을 촬영할 때 주의할 점이 있다면, 첫째로 조리개를 충분히 열어 피사계 심도를 낮출 것. 조리개 수치가 높아서 피사계 심도가 깊어지면 거울에 반사된 반사상뿐만 아니라 주변까지 또렷하게 보이게 되어 배경을 흐리는 효과를 얻을 수 없다. 둘째로 거울에 초점을 맞출 때 거울 표면이 아닌 반사된 상에 초점을 맞출 것. 거울 표면과 반영된 상 사이에는 약간의 거리 차가 발생한다. 따라서 반영된 상을 또렷하게 보이려면 거울 표면이 아닌 반사상에 초점을 맞춰야 한다.

50mm 1/50s, F1.8, ISO200

남광빌딩

천풍빌딩

유남빌딩

섬 원빌딩

블록

리채빌딩

대유빌딩

성화빌딩 훼미리마트 샴 트리니티

홍대프라자

민들레영토 대운빌딩 오더너리

개나리빌딩

석진빌딩

문예빌딩 엘로커피 금산빌딩

동강빌딩 카페이야기 제너럴닥터

멜로우 묵타

진흥하이츠원룸

풍산빌딩

나원빌딩

우신빌딩 서명빌딩 상상마당카페 유창빌딩 동성빌딩 청송빌딩

05

뚜벅이 김기자의 카페이야기 첫 번째 카페마당

Cafe이야기

- **Open** 12:00 ~ 23:00(일요일은 오후 2시부터, 매주 월요일 휴무)
- **Tel** 02-332-4764
- **Home** blog.naver.com/i_manoo
- **Add** 서울시 마포구 서교동 364-29

외관, 전경

사람들로 붐비는 거리를 걷다보면 한적한 골목길이 그리울 때가 있다. 그럴 때면 발걸음 닿는 대로 걸어보자. 행선지 없이 옮기는 걸음. 마음을 비우는 가벼운 산책은 빼곡한 건물들 속에서도 그 사이로 난 회색빛 아스팔트 위에서도 가능하다.

약간 외진 곳에 위치한 〈카페이야기〉는 일부러 찾아가야 만날 수 있는 카페이다. 아니면 어쩌다 길을 잘못 들었다가 발견할 수도 있고... 그렇게 단골이 된 손님도 있다고 한다.

 세부

문을 열고 들어 선 카페는 그리 넓지는 않지만 넓은 창을 통해 쏟아지는 햇빛과 깔끔한 흰 벽 덕에 그렇게 좁아 보이지도 않는다. 카페의 구석구석에 놓인 소품들이 특이한데 〈카페이야기〉의 소품들은 카페 마스터가 직접 제작한 것들이라고... 소품뿐만 아니라 모든 인테리어와 테이블 역시 손수 만든 것이라고 한다. 카페 마스터의 솜씨가 보통이 아니다. 투박하지만 간결한 솜씨가 엿보이는 물건들. 손끝에 느껴지는 손맛에 절로 정감이 간다.

일러스트 작가이기도 한 카페 마스터의 작업 공간이 카페 안쪽 구석에 있다. 마스터의 작업실이도 한 카페. 그래서 매주 월요일은 일러스트 작업을 위해 카페를 쉰다.

카운터 밑에는 주인장이 작업한 그림책과 수집한 그림책들이 놓여 있다.

카페에서 작업을 하다가 카페를 차리게 됐다는 주인장. 그래서인지 카페의 분위기는 집에서 입던 편한 옷을 입고 슬리퍼를 질질 끌면서 부담 없이 들를 수 있는 친구의 작업실처럼 느껴진다.

〈카페이야기〉에서는 목걸이에서부터 스카프까지, 다양한 액세서리와 핸드메이드 소품을 판매하고 있다. 판매되는 물건들은 모두 마스터가 만든 수제품. 세상에 하나밖에 없는 핸드메이드 제품을 저렴한 가격에 구입할 수 있다. 가격은 5천 원부터 4~5만 원까지.

 메뉴

1 햇살에 비추어 보면 루비와 같은 붉은 투명함이 맘을 설레게 하는 와인에이드(6,000원). 탄산수와 와인의 비율이 1:1이라 와인의 깊은 맛과 향을 충분히 느낄 수 있다. 탄산이 알코올 도수를 높이기 때문에 알코올에 약하다면 와인 양을 조절해 달라고 하자. 단맛을 원한다면 밑에 깔린 시럽을 잘 저어 마실 것.

2 녹차 팬케이크(6,500원). 홍대 앞 카페 중 가장 먼저 팬케이크 메뉴를 선보인 곳이 바로 〈카페이야기〉. 찰지지도 푸석하지도 않은 식감은 직접 만든 반죽에서 나온다고... 달지 않고 쌉싸름한 맛을 원한다면 하겐다즈 아이스크림을 얹은 녹차 팬케이크를, 달달한 맛을 원한다면 생크림을 토핑한 바나나 팬케이크를 주문하자.

아메리카노는 무료로 리필이 가능하다. 주류로는 병맥주가 있다.

찰칵 찰칵 DSLR 촬영 Tip

〈카페이야기〉의 넓은 창을 통해 들어오는 강렬한 햇빛은 인상적인 그림자를 만들어준다. 햇살 좋은 산뜻한 오후, 채광 좋은 〈카페이야기〉의 창가에서 빛과 그림자를 이용한 감각적인 사진을 촬영해 보자.

28-70mm 1/100s, F8, +2/3ev, ISO200

사진은 빛을 이용하여 사물을 기록하고 표현한다. 빛이 없으면 사진은 존재할 수 없고 빛이 있는 곳에는 항상 그림자가 생기기 마련이다. 그래서 사진에는 빛과 그림자가 공존한다. 그러나 사진에서 중요시 되는 요소는 빛에 의해 표현되는 형태와 색이고 그림자는 부수적인 것, 보기에 걸리적거리는 것으로 치부되기 일쑤이다. 그림자는 언제나 사람과 사물의 끝에 길게 매달려서 필요 없는 얼룩을 만들고 화면을 지저분하게 만들기 때문이다. 그러나 이러한 생각은 세련되지 못한 구성에 의해 만들어진 편견이다. 그림자를 이용한 멋진 사진은 수도 없이 많고, 그림자가 없는 사진은 어색한 이미지가 될 수밖에 없다.

그렇다면 어떻게 해야 그림자를 멋지게 표현할 수 있을까? 해법은 형태의 단순화다. 단순한 사물의 배치와 단순한 구성, 단순한 프레이밍이 멋진 그림자를 만들 수 있다. 사물 하나하나의 그림자가 뚜렷이 구별되도록 사물을 배치하고 화면을 구성해보자. 그림자는 사물의 또 다른 얼굴로 나타날 것이다.

28-70mm 1/400s, F5.6, +2/3ev, ISO200

그림자를 표현할 때에는 극단적인 밝기의 차이에 주의하자. 그림자 부분의 어두운 디테일을 살리려고 노출을 오버시키면 밝은 부분이 하얗게 날아가고, 반대로 밝은 부분의 디테일을 살리려고 노출을 부족시키면 그림자 부분이 어둡게 묻혀버린다. 이때는 포토샵 같은 프로그램에서 밝기를 조절해 줘야 하는데 이런 상황에 대비해서 촬영시에는 밝은 부분에 노출을 맞추도록 하자. 디지털 이미지의 밝기 보정에서는 어두운 영역의 표현력이 밝은 영역보다 넓다. 어두운 영역의 계조를 살리기가 쉽다는 말이다. 너무 밝게 찍힌 영역은 디테일 정보가 남아있지 않아서 아무리 어둡게 하더라도 어두워지지 않지만 어두운 영역은 많은 정보가 남아있기 때문에 비교적 쉽게 밝아진다는 뜻이다. 물론 노이즈의 증가가 발생할 것이다.

필름에서는 이와 반대로 노출을 준다. 어두운 영역에 노출을 맞추고 촬영한 후 현상 시간을 줄여서 약간의 현상 부족을 만들어 전체적인 노출의 균형을 맞추는 것이다.

28-70mm 1/400s, F5.6, +2/3ev, ISO200 일러스트

남광빌딩

천풍빌딩

유남빌딩

섬

원빌딩

블록

리채빌딩

훼미리마트

성화빌딩

대유빌딩

삼

트리니티

홍대프라자

민들레영토

대윤빌딩

오더너리

석진빌딩

개나리빌딩

엘로커피

금산빌딩

카페이야기

제너럴닥터

문예빌딩

묵타

동강빌딩

멜로우

진흥하이츠원룸

나원빌딩

풍산빌딩

동성빌딩

청송빌딩

우신빌딩

서명빌딩

유창빌딩

상상마당카페

06

뚜벅이 김기자의 카페이야기 첫 번째 카페마당

TRINITEA 트리니티

- ■■ **Open**　13:00 ～ 12:30(주말은 11:30부터)
- ■■ **Tel**　　02-332-2782
- ■■ **Add**　서울시 마포구 서교동 358-80

외관, 전경

하얀 나무 울타리와 빨간 벽돌집, 화분이 놓인 유럽풍 창들. 〈트리니티〉는 동화책 속에서 튀어나
온 듯한 모습으로 지나가는 사람들의 눈길을 훔친다. 넓은 마당과 높게 자리한 야외석, 마당을 내
려다보는 2층 테라스까지. 한적한 교외에서나 볼 수 있던 고풍스런 풍경이 홍대 앞 좁은 골목길에
펼쳐진다.

 세부

2층으로 된 〈트리니티〉는 전체적으로 클래식한 느낌이 나는 카
페이다. 등받이가 높은 푹신한 소파에 벽면을 장식한 고풍스런
액자, 천장에 매달린 은은한 조명등까지. 마치 유럽에 있는 고
택의 응접실에 온 듯하다. 〈트리니티〉 공간의 큰 특징 중 하나는
테이블이 놓인 각각의 공간이 독립적이란 것. 전체 공간이 개방
되어 있는 다른 카페들과는 달리 닫힌 공간이 많아서 다른 사람
들을 의식하거나 다른 사람들로부터 방해 받지 않아도 된다. 이
제 막 시작한 연인에게 추천하고 싶은 카페이다.
1층 창가 두 자리를 제외하고는 모두 흡연이 가능하다.

천장이 높은 2층은 삼각형 모양의 지붕틀이 그대로 드러나는
다락방 구조이다. 1층이 고급스런 저택의 응접실 같다면 2층은
숲속에 있는 조용한 산장 같다고 할까...

 메뉴

1 〈트리니티〉의 주메뉴는 홍차. 다양한 홍차와 허브티를 맛볼 수 있다. 홍차와 허브티, 밀크티의 가
격은 모두 6,500원. 아이스크림과 생크림을 얹은 와플(12,000원)도 인기 메뉴이다. 와플 세트는
20,000원으로 와플과 두 가지 티가 함께 나온다. 한 포트 가득 나오는 밀크티는 두 잔 정도를 충
분히 채울 수 있는 양. 때문에 와플과 티를 하나씩만 시켜도 둘이서 충분히 먹을 수 있다. 홍차나
허브차는 같은 종류로 리필도 가능하다고...

2 카페에서 판매하는 허브티. 큰 병은 8,000원
작은 병은 5,000원.

〈트리니티〉의 쿠폰은 조금 색다르다. 다른 카페에서는 쿠폰
을 모으면 보통 무료 서비스를 제공하는데 〈트리니티〉에서
는 다섯 번째에 커피 원두를, 열 번째에는 티 포트를 준다.

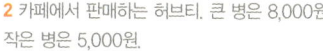

찰칵 찰칵 DSLR 촬영 Tip

영화 세트장 같은 멋진 공간에서 모델처럼 화보 촬영을 해볼까!!

보그나 엘르 같은 패션잡지에서 보는 연예인 화보. 무언가 특별해 보이지만 사실 멋진 인테리어
와 분위기 있는 조명만 있으면 누구든지, 얼마든지 연출할 수 있는 사진이다. 〈트리니티〉의 클래
식한 인테리어와 은은한 조명은 나에게도 멋진 화보 촬영의 기회를 제공해 줄 것이다. 단, 다른
손님들에게 피해가 가지 않도록 주의하자. 손님이 많을 경우에는 이동을 자제하고 너무 큰 소리
로 모델에게 지시를 하지 않도록 하자. 큰 소리를 내면 다른 사람들에게 방해가 될 뿐만 아니라
전문 모델이 아닌 이상 쑥스러움에 자연스런 표정이나 포즈가 나올 수 없기 때문이다. 〈트리니
티〉의 실내 조명이 어두운 편이다. 자연스럽고 분위기 있는 실내 조명의 효과를 살리기 위해
서는 트라이포드는 필수.

17mm, 1/400s, F3.5, ISO 200

문 옆에 쪼그려 앉는 포즈를 취했다. 일반적인 포트레이트라면 별로 취하지 않는 포즈. 일반적이
지 않은 포즈가 화보 같은 분위기를 만들어낸다. 어두운 실내에서 눈이 부시도록 밝은 빛을 등
지고 쪼그려 앉도록 배치해서 단조의 분위기를 연출했다. 창을 통해 들어오는 빛과 어두운 실내
분위기를 살리기 위해 노출은 수동으로 조절. 전체적인 노출이 너무 밝아지지 않도록 한 것이다.

17mm, 1/30s, F3.5, ISO400

28-70mm, 0.3s, F8, +1/3ev, ISO400

푹신한 소파에 다리를 올리고 온몸을 기대도록
했다. 이런 자세라면 누구라도 다리가 길게 보
일 터. 여자 친구의 다리가 짧다면 이 포즈를
적극 추천한다.

운동감 있는 사진을 위해 모델을 천천히 움직이게 했다. 고정된 포즈보다는 움직이는 순간의 모
습이 훨씬 더 자연스러운 것은 당연한 일. 모델의 포즈가 자연스럽지 않다거나 몸이 뻣뻣하게
굳었다면 움직이는 사진을 찍어보자. 조금 흔들리거나 초점을 놓친 사진이 어색한 포즈보다는
나을 것이다.

17mm, 1/80s, F5.6, +1 2/3ev, ISO200

17mm, 1/25s, F3.5, +1ev, ISO400

③

롯데시네마홍대입구

②

피라다이스텔

2호선 홍대입구

④

대아빌딩

①

델리스동교빌딩

⑤

홍남빌딩

버터컵

휘미리마트

던스카페

위

아지트푼크트

톰스타패스

남산빌딩

기린빌딩

서정빌딩

블레싱

꿈

대나리오

토라비

D+C+

성암빌딩

짱

천마빌딩

서교초등학교

티테라스

알레누베

산울림소

성도빌딩

은화빌딩

J주빌딩

조미스카페

임석빌딩

초코릿케이크

커피프린스1호점

언두

스튜디오뉴빌

태승빌딩

장수빌딩

이트레

카카오봄

청송빌딩

태일빌딩

대영빌딩

수다떠는도서관

지성빌딩

다성빌딩

정일빌딩

07

뚜벅이 김기자의 카페이야기 두 번째 카페마당

kkoomm 숨

- ■■ **Open** 12:00 ~ 24:00(주말은 새벽 2시까지)
- ■■ **Tel** 02-338-7077
- ■■ **Home** www.kkoomm.com
- ■■ **Add** 서울시 마포구 서교동 328-24

'숨 [KKOOMM]'

'꿈'의 옛말
'숨' + '꿈'이 함께 있는공간.

Gallery Cafe
'숨'[KKOOMM]

외관, 전경

'쑴'은 꿈의 옛말이다. 새로 만든 신조어인 듯해서 어떻게 발음해야 할까 고민하고 있는데 전면 윈도우에 친절하게 뜻풀이를 적어 놓았다. '숨'과 '꿈'이 함께 하는 공간이라. 숨을 쉬고 살아가는 현실과 잠결에 보는 환상, 실제인 현실과 바라는 이상의 조화. 삶이란 '숨'과 '꿈'이 함께 해야 비로소 완성된다는 의미인가보다. '쑴'이란 글자 생김새가 '숨과 꿈'의 의미하는 바와 딱 들어맞는다.

〈쑴〉은 밝은 바깥쪽 공간과 어두운 안쪽 공간으로 구분된다. 창이 넓은 바깥쪽 공간은 흰색으로 벽을 칠하고 하얗고 글로시한 가구를 배치해서 더욱 밝고 시원한 느낌이 들게 했고, 외부의 빛이 들어오지 않는 안쪽 공간은 조도를 낮추고 의자 높이도 낮은 것을 배치해서 편안하고 아늑한 느낌이 들게 했다. 분위기가 전혀 다른 두 공간은 한 번에 두 곳의 카페에 온 듯한 묘한 느낌을 준다.

🔍 세부

바깥쪽 공간의 선반은 '숨', 안쪽 공간의 선반은 '꿈' 자를 형상화했다. 선반 위에는 전시 중인 작품도 있고 사진 관련 서적이나 유명 작가의 사진집도 있다. 좁고 어두운 터널을 지나면 카페는 새로운 얼굴로 변신한다.

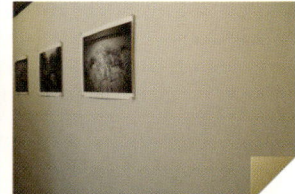

〈쏨〉에서는 2주 간격으로 새로운 사진전을 감상할 수 있다. 사진이 아닌 다른 장르의 작품도 전시가 가능하며 대관은 무료이다. 사진이 취미인 카페 주인장이 카페와 갤러리의 중간적인 공간으로 생각한 것이 바로 카페 〈쏨〉. 그래서 카페의 벽은 여느 갤러리 카페처럼 액자를 걸 수 있도록 비어 있지 않고 개성적인 선반으로 장식되어 있다. 전시가 없을 경우에는 벽이 너무 횡한 느낌이 들지 않도록 멋진 선반을 설치했다고. 벽도 장식하고 작품도 전시할 수 있는 선반은 일석이조. 전시되는 작품은 판매가 가능하고 앞으로는 작가들의 사진집이나 액자, 엽서와 같은 사진관련 용품도 판매할 예정이라고 한다. 카페 주인장의 블로그(blog.naver.com/yetsori)에서는 그가 찍은 멋진 사진도 볼 수 있다.

카페의 특징인 깃털 장식. 각 공간의 콘셉트에 맞게 인테리어를 달리한 감각이 돋보인다.

메뉴

1 〈쑴〉의 고유 메뉴인 카페 한숨(6,000원). 커피와 우유, 코코아를 얼음과 함께 갈아 넣었다. 생크림에 캐러멜 시럽이 더해져 달달한 맛이 나고 커피의 진한 향이 여운으로 남는 시원한 음료.

2 진하고 부드러운 카페라떼(5,000원). 커피류의 리필은 1,000원 추가에 아메리카노로 가능하지만 단골손님에게는 무한 리필 서비스.

3 상그리아(7,000원)와 까나페(15,000원). 향긋한 상그리아와 바삭한 크래커에 치즈와 과일, 참치 등을 얹은 까나페는 가볍게 마실 수 있는 주류와 안주 메뉴로 찰떡궁합이며 손님들이 많이 찾는 인기메뉴라고... 다른 주류로는 병맥주와 20여종의 와인이 있다.

찰칵 찰칵 DSRL 촬영 Tip

멋진 풍경도 없고 모델이 되어 줄 만한 사람도 없는데 사진이 찍고 싶다면 정물을 촬영해보자. 처음 카메라를 만지고 사진을 찍게 되었을 때, 제일 많이 촬영한 것이 무엇인지 생각해보면 그건 아마도 집안에 있는 물건들일 것이다. 부산하게 움직이는 사람이나 애완동물은 뜻하는 대로 포즈를 취해주거나 멈추지 않아서 초보자에게는 어려운 대상이고, 멋진 풍경을 찍으러 밖으로 나가자니 자신감이 없어서 꺼리고 주저한 경험이 있을 것이다. 그런 초보자에게 가만히 있는 화분이나 책장, 자전거 같은 정물들은 촬영 연습을 하기에 제일 좋은 대상이 되어 준다. 그러다가 어느 정도 카메라에 익숙해지고 자신감도 붙게 되면 정물사진은 제일 만만하고 쉬운 사진이 되어서 거의 쳐다보지도 않게 된다. 그러나 정말로 멋진 정물사진은 그렇게 쉽게 볼 장르가 아니다. 생명이 없는 사물에 생기와 감정을 불어넣는 일은 결코 쉬운 일이 아니기 때문이다.

사물의 전체 모습을 담는 정물사진은 고도로 훈련된 눈과 감각이 있어야 비로소 아름답고 의미 있는 작품이 될 수 있다. 어색한 구도와 빛으로 사물의 전체 모습을 담은 정물사진은 자칫하면 신문 사이에 끼어오는 광고 전단지처럼 되기 십상이다. 일반적이지 않고 재미있는 정물사진, 특이하면서도 감각적인 정물사진을 찍고 싶다면 사물의 부분만을 찍어보자. 전체 모습을 드러내지 않는 부분 컷은 보는 이의 호기심을 자극한다. 알듯말듯한 형태, 익숙하지만 분명하지 않은 모습에 사람들은 관심을 보이고 유심히 관찰하게 된다. 사람들의 상상력을 자극하는 사진은 그 내용이 어떻든 간에 일단은 좋은 사진이 되는 요건을 하나 갖추게 되는 것이다.

50mm, 1/250s, F2.8, -2/3ev, ISO200

50mm, 1/160s, F2.8, -2/3ev, ISO200

꽃이나 식물이 담긴 화분은 언제나 좋은 정물이 되어 준다. 예쁜 꽃이 있다면 좋겠지만 없어도 상관없다. 잎사귀의 끝이라든가 줄기의 가운데도 충분히 멋진 정물이 되어 준다. 이렇듯 한 부분만을 대상으로 삼을 때는 주제가 되는 대상 외의 불필요한 요소들을 정리해 주자. 대상에 집중할 수 있도록 배경을 정리하거나 대상의 형태를 단순화하는 것이다.

50mm, 1/50s, F2.8, -1ev, ISO200

정물사진에서 중요한 것은 사물을 바라보는 눈높이이다. 어떤 사진이든 눈높이를 맞추고 앵글을 맞춰야 좋은 사진이 되지만 특히 정물사진에서는 대상을 바라보는 눈높이가 주제를 확연히 부각시키기에 그 중요성이 강조된다.

선반의 모서리나 쌓아 올린 책들의 귀퉁이는 보는 각도, 눈높이에 따라 형태가 분명해지기도 하고 모호해지기도 한다. 일상적인 시각으로 바라보는 사물은 이미 우리에게 익숙한 것이기 때문에 어떠한 신비함이나 호기심을 유발시키지 않는다. 그러나 사소한 눈높이의 차이가 일상적인 것을 비일상적인 것, 새로운 것으로 변화시킨다. 거기에 부분만을 보여주는 방법을 더한다면 우리는 사진으로 새로운 정물을 만들어낼 수 있을 것이다.

50mm, 1/40s, F2.8, ISO200

장식등의 일부를 촬영했다. 한 부분만을 클로즈업하고 강조한 사진은 구상적인 형태를 추상적인 이미지로 탈바꿈시킨다. 사진은 구체적인 모습을 통해서도 상상의 장을 열어주지만 추상적인 이미지로의 변환을 통해서는 우리를 좀 더 쉽게 상상의 세계에 빠져들게 해준다. 또렷하지만 모호한 이미지는 사진을 추상의 영역으로 확장시킨다.

50mm, 1/10s, F2.8, -2ev, ISO200

08

뚜벅이 김기자의 카페이야기 두 번째 카페마당

DAWN'S CAFE 던스카페

- **Open** 11:00 ～ 01:00(매주 월요일 휴무)
- **Tel** 02-3144-2345
- **Home** blog.naver.com/dawnscafe
- **Add** 서울시 마포구 서교동 330-19

DAWN'S CAFE

WINE .   02

TO MY PLACE

TAKE OUT
COF FEE
SAND WICH

BRU NCH
MILK TEA
FRESH JUICE

OPEN HOURS
SUN-THURS 11: 00_ :00
FRI-SATUR 11: 00_ :00
CLOSED / MONDAY

COFFE

외관, 전경

홍대 앞 카페들은 서로 가까운 곳에 밀집되어 있는데 〈던스카페〉는 다른 카페들과는 달리 조금 떨어진 곳에 '나홀로' 있다. 그래서인지 카페의 노란색 천막이 유난히 눈에 띄고 예뻐 보인다. '걷고 싶은 거리'를 구불구불 걷다보면 길이 끝날 무렵 문득 눈에 들어오는 노랗고 하얀 카페. 새벽까지 머물고 싶은 〈던스카페〉이다.

깔끔한 외관과 마찬가지로 〈던스카페〉의 내부 역시 하얀 칠로 심플하게 꾸몄다. 2008년 늦은 봄에 생긴 카페이지만 하얀 칠 사이로 듬성듬성 보이는 나뭇결이 마치 오래된 빈티지 카페 같은 분위기를 만들어 낸다.

 세부

인위적으로 꾸미지 않고 낡은 듯한 편안함을 주는 〈던스카페〉의 인테리어 콘셉트는 뉴욕의 거리 카페. 뉴욕의 낡은 건물 분위기를 내기 위해서 벽돌을 쌓았다고 한다. 벽돌로 쌓은 칸막이는 분리된 작은 공간을 여럿 만들어 내고 있다.

뉴욕에서 유학중인 딸을 생각하면서 인테리어 아이디어를 냈다는 카페 주인장. 그래서 카페 이름도 딸의 이름을 따서 지었다고 한다. 뉴욕 유학에 관해 궁금한 것이 있다면 카페 주인장에게 문의해도 좋을 듯. 언제든 친절하게 유학에 관한 정보를 알려줄 수 있다고 한다.

〈던스카페〉에서는 무선랜 신호가 약해서 랜선을 제공하고 있다. 랜선을 사용하려면 카운터에 문의.
〈던스카페〉에서는 카페 측면의 테라스뿐만 아니라 전 좌석에서 흡연이 가능하다.

현관 옆 화살표를 따라가면 지하의 〈DAWNA〉 와인바. 1층은 카페, 지하는 와인바이다.

와인바에는 작은 단체 모임이 가능한 반쯤 개방된 룸이 두 개 있다.

 메뉴

1 토마토 모짜렐라 샌드위치(7,000원)와 아이스드 아메리카노를 추가한 치킨 샌드위치 세트(8,000원). 〈던스카페〉의 모든 샌드위치 가격은 7,000원. 오전 11시부터 오후 2시까지는 샌드위치와 음료를 세트(8,000원)로 즐길 수 있다. 혼자 먹기엔 배부른 〈던스카페〉의 샌드위치. 세트 메뉴 하나면 두 사람의 간단한 점심 식사로 충분하다.

2 따뜻한 카페라떼(5,000원)와 아메리카노(4,500원). 〈던스카페〉의 커피에는 에스프레소 2샷이 들어간다. 커피류는 1,000원 추가에 마시던 커피로 리필 가능. 쿠폰은 10잔에 아메리카노 한 잔이 무료이다.

3 생과일을 갈아 만든 블루베리요거트주스(6,500원).

4 카페 곳곳에는 메뉴 사진이 붙어 있어서 따로 메뉴판이 필요 없을 정도이다. 〈던스카페〉 메뉴의 특징은 빵을 주식으로 하는 사람들에게 편안한 음식들. 메뉴도 뉴욕 스타일을 추구한 듯하다. 푸짐한 양도 뉴욕식?

메뉴 스타일은 뉴욕식이지만 음식 재료를 고르는 주인장의 고집은 깐깐한 한국 아줌마. 쇠고기 문제가 있을 때는 메뉴에서 스테이크를 뺐고 조류독감이 있을 때는 닭고기를 뺐다고.. 먹거리에 대한 불안과 관심이 더욱 많아진 요즘에는 치즈도 미국산은 쓰지 않는다고 한다.

주류로는 병맥주와 50여종의 와인이 있고 다양한 하우스 와인(8,000~10,000원)을 고를 수 있다.

찰칵 찰칵 DSRL 촬영 Tip

어둑한 실내를 밝혀주는 조명은 카페의 분위기를 결정하는 중요한 요소이다. 형광등인지 백열등
인지, 직접 조명인지 간접 조명인지에 따라 공간의 분위기는 완전히 달라진다. 그래서 편안하고
아늑한 느낌을 주는 카페의 조명은 대부분이 노란빛의 텅스텐 전구를 이용한 간접조명. 그러나
요즘에는 동그란 백열전구를 그대로 노출시킨 복고풍의 조명이 많이 보인다. 두툼한 검정 전선
끝에 매달린 눈부신 백열전구. 하나로는 모자란 듯 여러 개를 한데 묶은 전구 다발도 자주 보인
다. 문제는 이렇게 분위기 있고 예쁜 백열전구가 노출 측정에 문제 상황을 야기한다는 것. 일반
적으로 사진을 찍을 때 금기시 되는 사항 중 하나가 프레임 안에 광원을 포함시키는 것이다.

28-70mm, 1/8s, F5.6, +2/3ev, ISO200

28-70mm, 1/60s, F5.6, +1 1/3ev, ISO200

디카나 포토샵의 히스토그램에서 확인할 수 있듯이 사진 안에 광원이 포함되면 전체적인 노출의 균형이 균등하지 못하고 한쪽으로 치우치거나 양 끝으로 몰리게 된다. 한마디로 밝은 부분과 어두운 부분이 강조되어 중간톤이 사라지는 것이다. 일반적인 촬영법에서는 이와 같이 광원이 포함된 사진은 적정노출에 문제가 생기고 전체적인 계조를 살리지 못하는 사진이 되지만 일반적이지 않은 사진, 즉 특별한 사진을 만들 때는 프레임 안으로 들어온 광원이 재미있는 효과를 만들어주기도 한다. 백열전구 같은 강한 광원이 프레임 안에 들어오면 전등 주위로 뿌연 빛무리가 생겨서 환상적인 분위기의 사진이 만들어진다. 발상의 전환이라고 할까. 문제 상황을 역으로 이용하면 특수 효과를 만들 수 있다. 이때의 노출 방법은 전등에 노출을 맞추고 +1 stop 정도의 노출을 더 주어서 전등의 밝기를 살린다. 노출계의 지시대로 노출을 준다면 전구의 테두리가 선명하게 보일만큼 광원이 어둡게 될 것이고 너무 많은 노출 오버를 준다면 광원의 테두리와 형체가 사라질 만큼 밝아질 것이다. 은은한 빛무리와 예쁜 전구의 모양을 살리고 싶다면 +1~1.5 stop 정도의 노출을 더 줘야 한다. 또 한 가지 주의할 점은 조리개의 값. 조리개 수치가 높아서 조리개가 너무 조여져 있으면 전등의 빛무리가 별모양으로 삐죽해진다. 은은하고 부드러운 빛무리를 만들고 싶다면 조리개 수치를 중간치 이하로 둘 것.

롯데시네마홍대입구
파라다이스텔
2호선 홍대입구
대아빌딩
델리스동교빌딩
홰미리마트
남산빌딩
기린빌딩
블레싱
서교초등학교
천마빌딩
은화빌딩
청송빌딩
아트래
태승빌딩
태일빌딩
다성빌딩
홍남빌딩
서정빌딩
D+C+
짱
조미스카페
임석빌딩
초코릿케이크
언두
정일빌딩
지성빌딩
버터컵
던스카페
아지트푼크트
톰스타패스
성암빌딩
토라비
스튜디오뉴빌
대영빌딩
수다떠는도서관
위
꿈
대나리오
티테라스
알레누베
성도빌딩
카카오봄
장수빌딩
커피프린스1호점
산울림소
09

뚜벅이 김기자의 카페이야기 두 번째 카페마당

BUTTERCUP
버터컵

Open 12:00 ~ 24:00(금 · 토는 새벽 2시까지, 매주 화요일 휴무)
Tel 02-324-7006
Home blog.naver.com/4buttercup
Add 서울시 마포구 서교동 170-26

외관, 전경

'버터컵' 은 '미나리아재비' 라고도 불리는 꽃 이름이다. 버터컵의 꽃말은 '천진난만'. 노랗고 파랗게 칠한 벽에 알록달록한 글씨로 'BUTTERCUP' 이라고 쓴 카페 〈버터컵〉은 보이는 모습 그 자체가 천진난만하다. 마치 유치원 장식처럼 밝은 원색으로 꾸민 외관과 은근 슬쩍 그 안을 들여다보고 싶게 만드는 키 작은 창은 순진한 매력으로 지나는 사람들을 유혹한다.

옆으로 난 문을 통해 반지하 공간으로 내려서면 외관에 이어 다시 한 번 천진난만한 기운을 느낄 수 있다. 울긋불긋, 알록달록. 실내에는 밝고 화려한 원색이 춤추듯 흩뿌려져 있는데 반지하 공간의 음침하고 습한 기운은 온데간데없이 사라지고 별천지처럼 밝고 따뜻한 느낌만 남아 있다.

 ## 세부

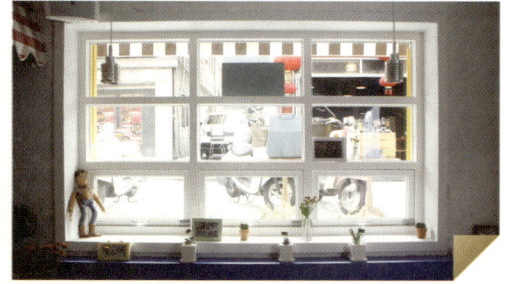

〈버터컵〉의 창가에 앉아 있으면 '반지하의 운치' 를 느낄 수 있다. 낮은 곳에서 바라보는 세상은 우리가 알던 세상과는 또 다른 모습. 지나가는 사람들의 모습도 달라 보이고 떨어지는 빗소리도 달리 들린다. 이곳에 앉아 있으면 세상의 다른 모습을 쉽게 발견할 수 있을 것 같다.

반지하라는 공간적 결점을 보완하기 위해 일부러 밝은 색을 많이 사용했다는 4명의 주인장들. 그녀들의 밝은 성격이 그대로 인테리어에 묻어난 듯하다.

〈버터컵〉의 자리는 원래 가정집이었던 곳을 터서 만든 공간. 안쪽의 벽으로 나뉜 두 공간은 가수 '비'가 연습생 시절에 살던 집이라고 한다. 이제는 세계적인 스타가 된 '비'. 왠지 비범한 기운이 느껴지는 자리이다.

〈버터컵〉의 바 테이블 밑에는 예쁜 수제 액세서리와 외국에서 구입한 구제 물건들이 가득하다. 카페 주인장들이 여행을 다니면서 모은 소품들은 프리마켓 형태로도 판매된다고..

통로의 자투리 공간을 활용한 테라스.

메뉴

1 둘둘 말린 피자(12,000원). 갖가지 속재료를 얇은 도우로 감싼 독특한 피자. 〈버터컵〉에는 다양한 종류의 파스타와 안주가 있다. 음식 담당은 일본에서 요리를 배워 왔다고... 일본풍 파스타는 어떤 맛일까 궁금해진다.

2 카도 쇼콜라 퐁듀(4,500원). 따뜻하고 부드러운 쇼콜라 속에 과일을 찍어 먹는 퐁듀.

3 단팥을 넣어 먹는 녹차라떼(5,500). 녹차라떼에는 직접 끓인 단팥이 함께 나오는데 취향에 따라 녹차라떼에 넣어 먹으면 된다. 전혀 어울릴 것 같지 않은 녹차라떼와 단팥. 그러나 둘의 오묘한 조화는 마셔본 사람만 알 수 있다는...

4 스폰(2,800원). 담백한 플레인 스폰과 고소한 아몬드&초코칩 스폰이 있다.

〈버터컵〉의 리필료는 다른 카페에 비해 싼 500원. 아메리카노로 리필해 준다.

주류로는 병맥주와 10여종의 와인이 있다. 주류는 치킨나쵸 or 치킨샐러드가 안주로 나오는 세트 메뉴로 주문할 수 있는데 카프리 4병은 20,000원, 호가든 4병은 25,000원이다. 와인 세트는 40,000원. 하우스와인은 한 잔에 6,000원이다.

찰칵 찰칵 DSRL 촬영 Tip

70-200mm, 1/25s, F5, +2/3ev, ISO200

70-200mm, 1/40s, F5, +2/3ev, ISO200

카페에서 촬영할 수 있는 인물사진의 유형에는 어떤 것들이 있을까? 우선 카페하면 생각나는 것이 예쁜 인테리어. 멋진 실내에서 사진을 찍는 일은 너무나 당연하고 마땅히 그래야 할 일이다. 그래서 수많은 사람들이 카페 안에서 사진을 찍어댄다. 이렇듯 누구나 찍는 실내 사진이 지겹다면 아름다운 카페의 외관을 배경으로 하는 것도 좋다. 목가적인 나무 울타리도 있고 그림 같은 담쟁이 넝쿨도 있다. 카페의 외관을 배경으로 한 사진은 일상적이지 않고 특별하다. 그러나 이제는 이러한 이국적인 외관도 보편적인 것이 되어버렸다. 기존의 카페를 배경으로 한 사진들이 식상하다면 이번에는 창 너머로 촬영해보자. 유리창 너머로 보이는 사람의 모습은 일상적인 모습과는 분위기가 사뭇 다르다. 분위기 내는 필터 하나를 덧댄 듯한 느낌이랄까. 사실 윈도우 너머의 모습은 많은 화보 사진이나 광고에 사용되어 왔다. 테이블에 앉아 차를 마시는 모습이라든가 창가로 난 바에 앉아 있는 모습 등. 보통 창을 이용한 사진에서 모델은 카페 안에, 사진가는 카페 밖에 위치한다. 카페라는 공간 안의 모델을 주로 다룬 것. 이러한 배치를 역전시켜 볼 때가 왔다. 창 안에 있던 모델을 창밖으로 내보내고 사진가가 실내에서 촬영하는 것이다. 이런 배치는 거리를 배경으로 삼으면서도 카페 분위기를 살릴 수 있다는 장점이 있다.

모델이 카페 밖에 있다는 복선을 주기 위해서는 어떤 장치가 필요한데 그 장치가 바로 윈도우.
창살 같은 장식이 있는 창이나 테이블이 보이는 창 너머로 모델을 배치하자. 렌즈와 모델 사이
에 있는 테이블이나 소품 같은 대상들이 카페 안에서 촬영 중임을 보여줄 것이다.

28-70mm, 1/13s, F5, -2/3ev, ISO200

28-70mm, 1/8s, F5.6, ISO200

모델을 창밖에 배치할 때 주의할 점은 실외가 실내보다 밝아야 한다는 것. 카페 안이 바깥보다
밝다면 창은 그대로 거울이 되어서 사진 찍고 있는 나를 비추고 말 것이다. 그런 면에서 〈버터
컵〉은 좋은 환경을 지녔다. 바깥보다 어두운 반지하 공간에서는 창밖을 촬영하기가 훨씬 수월하
기 때문이다.

롯데시네마홍대입구

파라다이스텔

2호선 홍대입구

홍남빌딩

 버터컵

대아빌딩

덴스카페

위

델리스동교빌딩

왜미리마트

아지트푼크트

서정빌딩

톰스타패스

남산빌딩

기린빌딩

블레싱

꿈

성암빌딩

대나리오

토라비

D+C+

짱

서교초등학교

조미스카페

티테라스

알레누베

산울림소

삼주빌딩

천마빌딩

성도빌딩

은화빌딩

임석빌딩

초코릿케이크

언두

스튜디오뉴빌

커피프린스1호점

태승빌딩

아트레

청송빌딩

태일빌딩

장수빌딩

카카오봄

대영빌딩

수다떠는도서관

지성빌딩

다성빌딩

정일빌딩

10

뚜벅이 김기자의 카페이야기 두 번째 카페마당

수다떠는 도서관

- **Open** 13:00 ~ 23:00(금~일 밤 12시까지)
- **Tel** 02-3142-9131
- **Add** 서울시 마포구 서교동 338-3

외관, 전경

언덕길 끝에 번쩍이는 양철판과 빨간 말풍선이 인상적인 카페 〈수다떠는 도서관〉이 보인다. 카페 이름을 처음 봤을 때, 저절로 입꼬리가 올라갔다. '공부하는 도서관'이 아닌 '수다떠는 도서관'이라. 이제야 내게 제격인 도서관을 찾았구나!

〈수다떠는 도서관〉이라는 카페 이름은 왠지 호기심을 자극한다. 도대체 어떤 카페일까? 공부하기 좋은 카페, 아니면 수다 떨기 좋은 도서관? 궁금증을 자아내는 카페 이름에 끌려서 살며시 안을 들여다보니 또 다른 궁금증이 생기고 만다. 좁은 입구를 통해 보이는 것은 좁은 주방뿐. 홀은 어디 있는 거지? 〈수다떠는 도서관〉은 주방과 홀이 완전히 분리되어 있는 구조. 주방 옆으로 난 문으로 내려가면 카페는 완전 다른 모습으로 변모한다. 좁은 입구, 좁은 주방은 아담하고 작은 카페를 상상하게 하지만 실제 내부 공간은 보이는 것보다 훨씬 넓다.

 세부

카페로 들어서면 만나게 되는 주방과 데스크. 이곳은 두 명의 카페 주인장들의 공간이다. 직장 동료로 만나 지금은 카페를 공동 운영하는 사이라고.. 손님들은 마스터가 있는 데스크 공간이 홀과 분리되어 있어서 좋다고 한다. 주인장 눈치 보지 않고 마음껏 시간을 보낼 수 있으니 어지간하겠는가.

〈수다떠는 도서관〉에는 도서관답게 벽면을 가득 메운 책장과 밝은 조명을 장착한 독서대가 설치되어 있다.

안쪽의 구석 공간. 독서대와 안쪽의 선반 위에는 다양한 잡지와 책들이 놓여 있다. 천장을 가로지르는 둥근 환기통이 조금 눈에 거슬리지만 지하공간의 공기를 맑게 해주는 중요한 장치라고..

〈수다떠는 도서관〉의 포인트는 바로 이층 다락방. 높은 천장을 이용해서 복층구조로 만들었다. 커플들이 좋아할 만한 구석지고 좁은 다락방. 그러나 이곳은 커플금지 구역이다. 사람들의 시선이 닿지 않으면 지나친 애정행각이 벌어지기에 카페 마스터가 세심한 배려(?)로 커플금지 및 애정행위 금지를 선언했다. 카페의 전 좌석에서 흡연이 가능하지만 다락방은 금연.

메뉴

1 향긋한 꽃향기가 좋은 카모마일(5,500원). 〈수다떠는 도서관〉의 모든 차 종류는 '딜마' 브랜드를 사용한다.

2 캐러멜라떼(5,500원). 원두의 로스팅은 마스터가 직접 한다. 카페에 로스팅 공간이 따로 있다고... 리필은 무료. 대신 모든 리필은 아메리카노(4,000원)로..

3 생과일로 만든 레몬에이드(6,500원).

4 오렌지와 바나나 팬케이크(6,500원). 상큼한 오렌지와 달콤한 바나나가 부드러운 팬케이크를 만났다. 과일과 함께 먹는 팬케이크는 한 끼 식사로도 충분.

주류로는 병맥주와 5~6가지의 와인이 있다.

찰칵 찰칵 DSRL 촬영 Tip

앵글의 변화는 사진에 다양한 변화를 일으킨다. 앵글이 변화하면 사진의 구도가 달라지고 느낌이 달라진다. 사진에 극적인 연출을 하고 싶거나 특수한 효과를 넣고 싶다면 앵글을 달리해 보자. 그렇다면 카페에서는 어떻게 앵글에 변화를 줄 수 있을까? 보통 카페에서의 앵글 변화는 앉아서 찍거나 서서 찍는 정도. 한마디로 도토리 키 재기 정도의 차이이다. 그렇다고 사람 많은 카페에서 바닥에 엎드리거나 테이블에 올라갈 수도 없는 일. 하지만 〈수다떠는 도서관〉에는 앵글을 변화시킬 묘책이 하나 있다. 그것은 바로 〈수다떠는 도서관〉의 포인트인 이층 다락방. 다락방에 올라가면 근사한 하이 앵글, 즉 버즈 아이(Bird's eye)의 시선으로 사진을 찍을 수 있다.

28-70mm, 0.3s, F4.5, ISO200

눈높이보다 높은 하이 앵글로 찍은 사진은 원근감이 과장되고 인물의 표정이 달라 보인다. 과장된 원근감은 사진에 극적인 재미를 더해주지만 표정의 변화는 사진을 망칠 수도 있는 위험 요소. 위에서 내려다보는 얼굴은 많은 부분이 가려지기 때문에 본래의 표정과는 다른 모습으로 보일 수 있다. 가만히 이야기를 듣고 있는 얼굴이 화난 표정이 되기도 하고 웃는 얼굴이 침울한 얼굴이 되기도 한다. 이러한 표정의 왜곡은 촬영자의 높이가 높아질수록 더해진다.

28-70mm, 0.6s, F4.5, ISO200

28-70mm, 0.4s, F4.5, +2/3ev, ISO200

모델의 고개를 들게 하여 카메라를 쳐다보게 하는 것은 표정의 왜곡을 없애는 좋은 방법이 된다. 고개를 들면 얼굴 전체의 표정을 볼 수 있고 조명에 의해 생기는 그림자도 없앨 수 있다. 이때, 주의할 점은 꼭 턱을 들어서 얼굴 전체를 들어야 한다는 것. 카메라를 쳐다본다고 눈동자만 올리면 얼굴은 보이지 않고 허옇게 치뜬 흰 눈동자만 보이게 된다. 공포영화 포스터를 찍을 셈이 아니라면 눈과 얼굴을 동시에 들게 하도록 하자.

하이 앵글 촬영에서 주의할 점이 하나 더 있다. 카메라의 위치가 모델의 머리 바로 위라면 대두 (Big Head)를 주의하자. 수직으로 내려가는 시선이라면 아무리 조막만한 얼굴이라도 '모여라 꿈동산'이 되고 만다. 일부러 재미있는 효과를 내기 위한 것이 아니라면 모델의 바로 위에서의 촬영은 비추! 꼭 이런 위치에서 촬영을 해야 한다면 광각렌즈보다는 표준 이상의 망원렌즈를 사용하자. 광각렌즈일수록 왜곡이 심해져서 머리가 더 크게 보일 것이다. 망원렌즈가 없다면 모델과의 거리를 멀리하자. 거리가 멀어질수록 상대적으로 대두의 크기 비율이 작아질 것이다.

28-70mm, 0.5s, F3.5, +2/3ev, ISO200

롯데시네마홍대입구

파라다이스텔

2호선 홍대입구

대아빌딩

델리스동교빌딩

훼미리마트

남산빌딩

삼주빌딩

천마빌딩

은화빌딩

흥남빌딩

서정빌딩

기린빌딩

블레싱

토라비

D+C+

짱

서교초등학교

조미스카페

임석빌딩

초콜릿케이크

언두

태승빌딩

아트레

청송빌딩

태일빌딩

다성빌딩

비티컵

던스카페

아지트푼크트

위

톰스타패스

꿈

성암빌딩

대나리오

티테라스

알레누베

성도빌딩

산울림...

커피프린스1호점

스튜디오뉴빌

장수빌딩

카카오봄

대영빌딩

수다떠는도서관

지성빌딩

정일빌딩

11

뚜벅이 김기자의 카페이야기 두 번째 카페마당

agitpunkt 아지트푼크트

- **Open** 12:00 ~ 02:00
- **Tel** 02-323-9606
- **Home** www.agitpunkt.com
- **Add** 서울시 마포구 서교동 330-3

외관, 전경

agit는 '움직이다', punkt는 '점'이란 의미로 둘을 합치면 '이동본부', '거점'의 뜻이 된다. 쉽게 줄여서 '아지트'. 우리가 알고 있는 그 아지트이다. 〈아지트푼크트〉는 전시기획을 하던 주인장이 새로운 모임의 장을 마련하고자 만든 카페. 사회를 움직이고 변화시키려는 꿈을 가진 문화, 예술, 일반인들의 모임을 꿈꾸는 공간이다. 거창하고 어려운 말처럼 들리지만 실상은 간단하다. 음악을 좋아하고, 영화를 좋아하고, 미술을 좋아한다면 〈아지트푼크트〉에서 준비한 행사와 프로그램에 참여해서 느끼고 즐기자는 얘기다. 소소하지만 특별한 문화가 있는 카페. 참으로 홍대 앞 문화에 어울리는 카페이다.

문화공간을 지향하는 〈아지트푼크트〉는 문화를 채울 수 있도록 공간을 비웠다. 아무런 장식이 없는 텅 빈 벽과 공연석을 마련할 수 있도록 쉽게 옮길 수 있는 좌석과 테이블. 조금은 썰렁하고 조금은 거친 듯한 인테리어가 〈아지트푼크트〉에 강한 색다름이 있게 한다.

 세부

카페 내부는 두꺼운 원목과 철제를 사용하여 꾸몄고 바 테이블 위의 캐노피는 출입문을 지나 밖으로 곧게 연결되었다. 이러한 인테리어는 모두 조화를 의미한다고... 자연적인 것과 자연적이지 않은 것의 조화, 안과 밖의 소통이다.

〈아지트푼크트〉의 의자와 테이블은 높이가 낮다. 낮은 의자에 등을 기대고 앉으면 나뭇결이 살아있는 널찍한 마루 위에 편안히 드러누운 듯한 기분이 든다.

탁자처럼 생긴 빈티지 스피커. 스피커 위에는 각종 행사와 프로그램에 관한 안내서가 놓여있다. 이런 정보는 카페 홈페이지에서도 얻을 수 있다.

〈아지트푼크트〉에서 열린 음악 행사. 평소에는 접하기 어려운 아일랜드 민속 음악을 들을 수 있었다.

단풍나무, 모과나무, 감나무, 목련나무가 있는 테라스. 정원 같은 테라스에는 그에 어울리는 우람한 무쇠 화덕이 있다. 육중한 모습이 범상치 않은 화덕은 조형작가가 만든 작품이라고... 장식품인 줄 알았던 화덕은 실제로도 사용된다. 금요일 저녁, 〈아지트푼크트〉의 특별 메뉴인 바비큐가 바로 이 화덕에서 맛있게 구워진다.

 ## 메뉴

1 아이스드 카페라떼(6,000원)와 에스프레소(5,000원). 〈아지트푼크트〉에서 사용하는 커피는 Dallmayr Kaffee. 주로 호텔이나 고급 카페에서 사용하는 순한 맛이 나는 독일의 고급 브랜드이다. 300년의 로스팅 역사를 지녔고 합스부르크 왕가에 납품하는 명품 커피라고... 커피 리필은 1,000원 추가에 아메리카노나 에스프레소가 가능하다.

2 닭안심 치즈샌드위치(8,000원)와 크랜베리주스(5,000원). 카레 맛 나는 닭고기가 가득한 샌드위치는 내용물이 너무 많아서 잘라 먹기가 불편할 정도. 샌드위치에 곁들어 나오는 홈메이드 피클도 맛이 좋다. 샌드위치와 음료를 각각 시키는 것이 부담된다면 3,000원 추가에 커피나 차를 마실 수 있는 점심 세트도 있다.

〈아지트푼크트〉에는 병맥주, 와인, 양주, 칵테일 등의 다양한 주류가 있다. 병맥주 중에는 다른 카페에선 보기 드문 체코의 필스너Pilsner(7,000원)도 있다. 와인은 25여 종이 있고 하우스와인(6,000원)은 보르도 지방의 것을 준비한다.

찰칵 찰칵 DSRL 촬영 Tip

〈아지트푼크트〉의 인테리어는 다른 카페에 비해 심플하다. 너무 심플해서 심심할 정도. 일록달록한 색도 없고 근사한 전등도 없다. 눈으로 보기에는 은은한 조명과 나무 위주의 인테리어가 편하고 아늑하지만 이런 공간이 사진으로 표현될 때는 지극히 평면적이고 밋밋하게 보일 뿐이다. 별다른 꾸밈이 없고 심플한 공간에서 일반적인 앵글과 일반적인 구도로 촬영을 한다면 그 결과는 뻔한 것. 그렇다면 어떤 앵글, 어떤 구도로 재미있는 사진을 만들 수 있을까?

28-70mm, 1/4s, F5.6, -1ev, ISO200

일렬로 늘어선 의자와 테이블이 눈에 뜨인다. 넓은 공간을 활용해 한 줄로 길게 배치한 테이블들. 다른 카페에서는 보기 드문 배치이다. 다른 곳에 없고 다른 곳과 다르다면 그게 바로 이곳만의 특징 아닌가. 줄지어 놓인 테이블을 담기 위해 프레임을 세로로 잡았다. 〈아지트푼크트〉의 테이블은 키가 작다. 그러나 아무리 테이블의 높이가 낮더라고 일반적인 눈높이로 보는 프레임에서는 화면의 끝부분에 있는 테이블들이 겹쳐 보이게 된다. 그래서 테이블이 겹쳐 보이지 않도록 카메라의 앵글을 높였다. 트라이포드를 모두 펴서 최고로 키를 높이고 아래를 향해 촬영을 했더니 원근감이 강조되는 사진이 만들어졌다. 카메라의 높이와 앵글이 높아지니까 소실점이 있는 원근감이 생기게 된 것이다.

28-70mm, 1/5s, F5.6, -1 1/3ev, ISO200

넓고 균일한 나무 마루에 원근감이 생기도록 구도를 잡았다. 이렇듯 원근감이 강조되는 구도에서는 인물의 위치가 원근감을 살리기도 하고 죽이기도 한다. 그렇다면 인물을 어디에 배치해야 전체적인 구도와 조화를 이루면서 원근감을 강조할 수 있을까? 우리는 종종 황금비율에 대해 듣는다. 화면을 분할하는 가장 좋은 비율. 안정감 있고 보기 좋은 그림을 만들어 주는 비율이다. 대략 1 : 1.6 정도의 비율인데 사진의 프레임에 적용한다면 화면을 3등분 했을 때 1/3 정도의 지점에서 이 황금비율을 찾을 수 있다. 그래서 두 사진 모두 원근감을 강조할 수 있도록 화면에서 사물이 점점 작아져 보이는 위로부터 1/3 지점에 모델을 배치했다.

롯데시네마홍대입구

버터컵

던스카페 위

아지트푼크트

톰스타패스

꿈

대나리오

토라비

D+C+ 짱

티테라스 알레누베

성도빌딩

서교초등학교

조미스카페

커피프린스1호점

산울림소

초코릿케이크

언두

스튜디오뉴빌

장수빌딩

이트레

카카오봄

대영빌딩 수다떠는도서관

지성빌딩

다성빌딩 정일빌딩

파라다이스텔

2호선 홍대입구

대아빌딩

델리스동교빌딩

훼미리마트

홍남빌딩

남산빌딩

기린빌딩

블레싱

천마빌딩

은화빌딩

임석빌딩

태승빌딩

태일빌딩

청송빌딩

주빌딩

서정빌딩

성암빌딩

12

뚜벅이 김기자의 카페이야기 두 번째 카페마당

ALLE NOVE

알레누베

- **Open**   17:00 ~ 02:30(주말에는 오후 2시부터)
- **Tel**   02-338-4717
- **Add**   서울시 마포구 서교동 328-12

외관, 전경

보통의 카페들으 외관을 예쁘게 꾸민다 해도 카
페 전면이나 측면 정도만 꾸밀 수 있다. 건물 전

체를 카페로 쓰지 않는 이상 건물과 카페를 조화시키기란 여간 어려운 일이 아니다. 그런데 〈알레
누베〉는 예외다. 카페와 건물이 마치 한 몸인 양 서로 잘 어울린다. 카페에 맞춰 건물을 지었는지 건
물에 맞춰 카페를 꾸몄는지 알 수는 없지만 이국적인 카페가 사람들의 눈길을 사로잡는다는 것은
분명한 사실. 한적한 골목길에 우뚝 선 〈알레누베〉, 나만의 아지트로 삼고 싶은 멋진 카페이다.

연두색 나무문을 열고 들어 선 카페는 생각보다 넓지 않다. 건물 1층을 다 쓰지만 건물 자체가 생
각보다 크지 않기 때문. 멋진 외관은 아담한 건물을 훨씬 크게 보이게 하는 착시 효과도 일으키
나보다.

 세부

〈알레누베〉의 실내는 거친 콘크리트가 그대로 노출되고 조명이 밝지 않아서 카페라기보다   바 분
위기에 훨씬 가깝다. 실제로 카페를 즐겨 찾는 손님 중에는 와인을 마시러 오는 손님들이 더 많다
고... 카페 이름인 '알레누베'는 이탈리아어로 '9시 경'. 술 마시기 좋은 시간이라는 의미로 그런
이름을 지었다는 카페 마스터의 설명이다.

곳곳에 보이는 와인병과 와인 잔. 특별한 장식이 없어도 다양한 종류의 와인과 빈병들이 훌륭한 소품 역할을 해준다.

카페가 좁다고 실망할 필요는 없다. 맛있는 와인과 음식을 먹을 자리는 지하에도 충분하니까. 소설 속의 보물창고로 이어진 듯한 계단을 내려가면 음침한 분위기가 물씬 풍기는 지하공간이 나타난다. 생김새가 꼭 시골 할아버지 댁의 지하창고 같다.

곳곳에 놓인 소품들이 오래된 지하창고 같은 분위기를 더해주는데 이곳의 물건들은 모두 카페 주인장이 갖고 있던 빈티지 물건들이라고... 도대체 주인장이 어떤 사람이길래 이런 물건들을 갖고 있을까 궁금해진다면 카페를 찾아서 직접 만나보자. 단번에 그 상황이 이해가 될 것이다. 친절하고 재미있는 카페 마스터 때문인지 〈알레누베〉를 찾은 손님들은 80~90%가 다시 찾아온다고...

 메뉴

1 아이스드 카페모카(7,000원). 음료는 가격이 비싼 편이지만 커피를 마시러 오는 손님도 많다. 아메리카노와 차는 무한 리필.

2 와인 안주로 인기가 많은 모짜렐라 치즈 샐러드(18,000원). 150여 종의 와인에 맞게 안주 메뉴도 파스타, 샐러드, 떡볶이 등 여러 가지가 있다. 〈알레누베〉의 음식은 영국식과 이탈리아식이 섞인 맛. 모든 음식은 카페 마스터가 직접 장을 보고 요리한다. 매일 장을 보기 때문에 카페를 일찍 열지 못한다고...

와인은 비싼 것보다는 편하게 마실 수 있는 것으로 준비했다고 한다. 가장 많이 나가는 와인은 4~5만 원대. 주류는 와인 이외에도 병맥주와 보드카가 있다. 하우스와인은 8,000원. 따라주는 양에 손님들이 놀라기도 한다고...

찰칵 찰칵 DSRL 촬영 Tip

사람들이 야외 촬영에서 제일 먼저 찾는 것은 배경이다. 일단은 멋진 배경이 있어야 좋은 사진을 만들 수 있다는 생각에 주위를 둘러보고 마음에 드는 장소를 선정한다. 인물의 포즈를 정하고, 노출을 재고, 빛의 방향을 살피고 하는 일들은 모두 나중 일이다. 제일 급한 일은 멋진 배경을 찾는 것. 그만큼 배경을 중요하게 여긴다는 말일 것이다. 이국적이고 예쁘게 꾸민 카페는 사진가들에게 단연 최고의 배경이 되어 준다. 거리에는 예쁘게 꾸민 상점도 많고 멋진 건물들도 많다. 하지만 아무 곳에서나 카메라를 꺼내서 촬영을 할 수 있는 것은 아니다.

28-70mm, 1/100s, F4.5, ISO400

마음에 드는 쇼윈도 앞에서 사진을 찍다가 번개처럼 튀어 나온 점원이나 매니저로부터 제지를 받은 경험은 누구에게나 있을 것이다. 이런 면에서도 카페는 마음 놓고 촬영할 수 있는 좋은 배경이 되어 준다. 마음에 드는 멋진 카페를 찾았다면 주저 말고 카메라를 꺼내 들자. 홍대 앞 카페들은 사진기를 든 모든 이에게 개방되어 있다(솔직히 촬영을 금지하는 인색한 카페도 있다. 밖에서 잠깐 배경으로 삼는 것 뿐인데도 뭐가 그리 아까우신지...

마음에 드는 배경을 찾았으면 그 다음 해야 할 일을 생각해보자. 인물의 포즈도 정하고, 노출도 재고, 빛의 방향이나 성질도 살펴봐야 할 것이다. 이 중에서 가장 중요하고 제일 먼저 해야 할 일이 있다면, 그건 바로 빛을 살피는 일. 우리가 카메라로 찍는 것이 무엇인지를 곰곰이 생각해보면 왜 빛을 살피는 일이 중요한지 금방 알 수 있다. 카메라의 필름이나 CCD에 찍히는 것은 무엇일까?

28-70mm, 1/200s, F4.5, -1ev, ISO400

많은 사람들이 사진은 눈에 보이는 대상을 찍는 것이라고 생각한다. 그렇다면 사람, 건물, 나무, 물 등의 대상들은 어떻게 우리 눈에 보일 수 있는 것일까? 그건 바로 '빛'이 있기 때문이다. 우리가 눈으로 본다는 것은 사물에 반사된 빛을 본다는 것이다. 빛이 없다면 우리는 아무것도 볼 수 없으며, 사물이 반사시킨 빛을 보고 우리는 그것이 사람인지 나무인지 알 수 있다. 결국 우리가 보는 것은 빛이다. 카메라가 찍는 것도 결국에는 빛이다. 물질이 반사한 빛. 그러므로 사진으로 표현되는 형태, 질감, 분위기 등의 모든 것은 빛에 의해 만들어지는 것이다. 그러니 빛이 중요할 밖에.

17mm, 1/100s, F4.5, ISO400

사진을 찍은 시간대는 빛이 가장 강한 정오를 조금 지난 오후. 거리에는 눈이 부시도록 강한 햇빛이 내리쬐고 있다. 그러나 정작 사진을 찍은 곳은 그늘 속. 카페를 배경으로 촬영을 하다 보니 건물이 만든 그늘 안으로 들어 온 것이다. 직사광선이 없는 그늘 안이지만 주위의 밝은 빛 때문에 그늘 속의 빛은 밝고 부드럽고 풍부하다. 부드러운 빛은 배경의 디테일을 잘 표현해 주고 풍부한 광량은 모델의 피부톤을 보기 좋게 다듬어준다. 햇빛 쨍한 날의 그늘 속은 최고의 빛으로 멋진 사진을 만들어주는 최선의 조건이 된다.

③

② 2호선 홍대입구

① 파라다이스텔

④

롯데시네마홍대입구

홍남빌딩

버터컵

대아빌딩

⑤ 델리스동교빌딩

훼미리마트

던스카페

위

서정빌딩

아지트푼크트

남산빌딩

기린빌딩

블레싱

토라비

톰스타패스

꿈

대나리오

삼주빌딩

D+C+ 짱

성암빌딩

서교초등학교

조미스카페

티테라스

알레누베

산울림

천마빌딩

임석빌딩

초콜릿케이크

성도빌딩

은화빌딩

언두

커피프린스1호점

스튜디오뉴빌

태승빌딩

장수빌딩

이트레

청송빌딩

태일빌딩

카카오봄

대영빌딩

수다떠는도서관

다성빌딩

정일빌딩

지성빌딩

13

뚜벅이 김기자의 카페이야기 두 번째 카페마당

undo 언두

- **Open** 13:00 ~ 24:00
- **Tel** 02-3141-2090
- **Add** 서울시 마포구 서교동 340-13

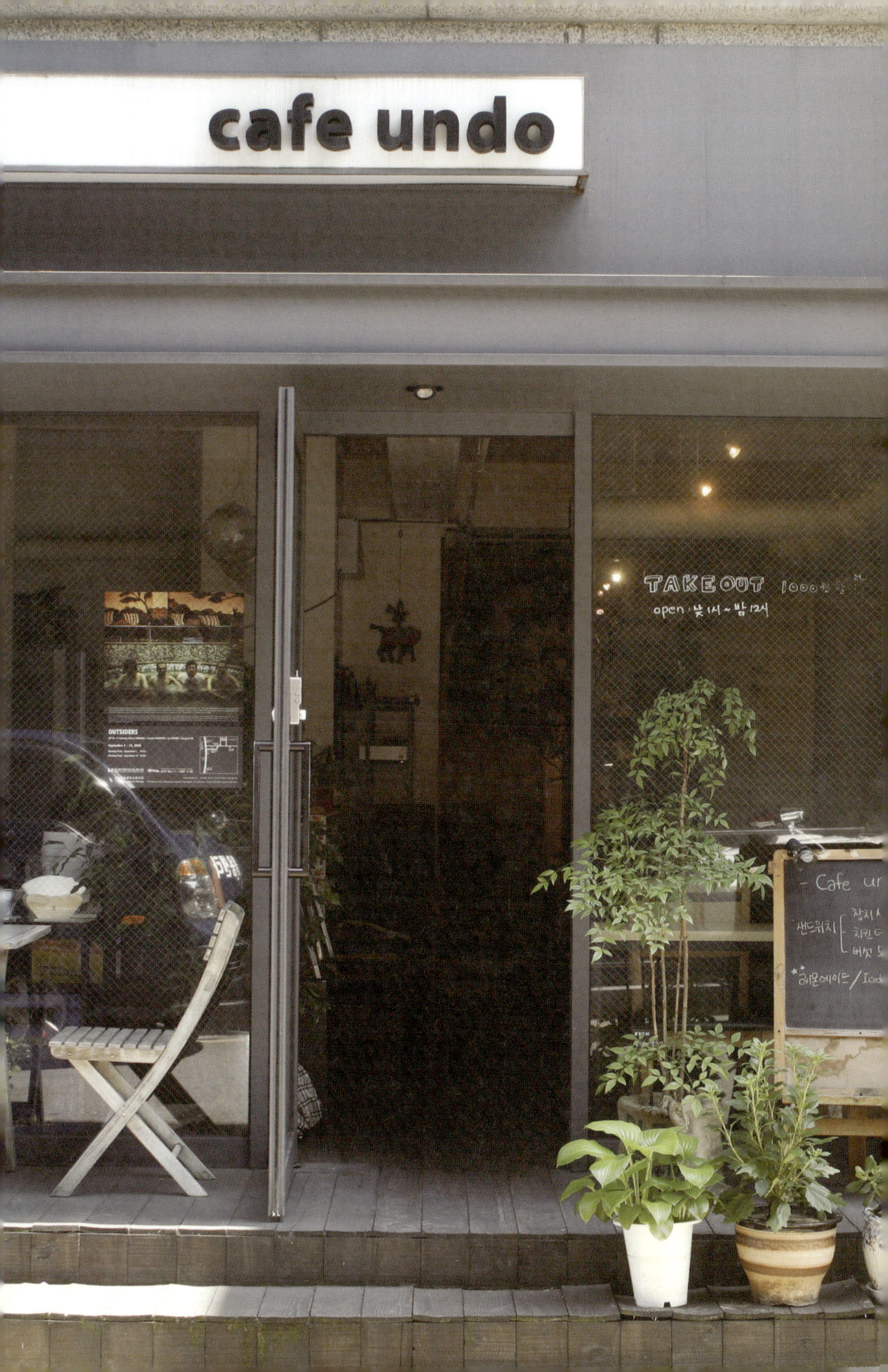
cafe undo
TAKEOUT
open : 낮 1시 ~ 밤 12시
샌드위치
레몬에이드 /

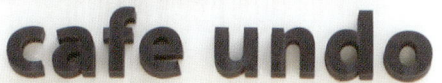

외관, 전경

언제나 사진 작품이 전시되고 있는 카페 〈언두〉. 특별이 사진만을 전시하는 갤러리 카페인줄 알았
는데 다른 장르의 작품도 전시한다고... 그래도 주된 전시는 사진. 왠지 모르게 〈언두〉와 사진은
궁합이 잘 맞는 것 같다.

처음부터 갤러리 카페를 생각하고 카페를 꾸며서인지 흰 벽에는 아무런 장식도 없다. 비교적 넓
은 벽면과 두 곳으로 분리된 공간은 의자와 테이블만 없으면 갤러리라 해도 손색이 없겠다. 전시
기간은 한 달 정도이고 대여료는 없다. 액자와 엽서는 작가가 준비해야 한다고..

 세부

〈언두〉의 내부는 넓게 트여 있지만 두 부분으로 구분된다. 주방과 데스크가 있는 출입문 쪽 공간
과 안쪽의 넓은 창이 있는 공간. 카페는 작품 전시를 위해 별다른 장식도 없고 잡다한 소품들도 없
는 편이다. 그래서 공간은 두 곳으로 구분되지만 딱히 공간의 특징이라고 할 것은 없다. 차이가 있
다면 주방 쪽 공간은 금연, 안쪽 공간은 흡연이 가능하다는 점 정도.

카페 마스터가 얘기하는 〈언두〉의 특징은 '개인주의가 강한 공간' 이란다. 주로 찾는 손님들이 디자인이나 광고, 만화 등 혼자 하는 작업을 하는 사람들이 많다고... 그래서인지 다른 카페에 비해 남자 손님이 많다고 한다. 가끔은 근처에 사는 가수 김C가 조인성과 함께 들르기도 한다고... 요즘 커피 광고를 하는 조인성이 찾는 카페라고 하니 왠지 커피 맛이 더 좋게 느껴진다. 실제로 〈언두〉의 커피 맛은 나쁘지 않은 편. 카페 마스터는 처음에는 호프집을 하려다가 커피가 좋아져서 카페를 차리게 됐다고 한다. 커피를 좋아하는 사람이 만드는 커피 맛이 나쁠 리는 없을 터.

몇 가지 없는 장식물 중에는 공간에 어울리지 않는 생뚱맞은 물건들이 있다. 카페 마스터가 정형화된 것보다는 생뚱맞은 것을 좋아해서 가져다 놓았다고...

카페 곳곳에 놓인 귀여운 담요는 셀프.

 메뉴

1 버섯 모짜렐라 샌드위치(7,000원)와 진한 아메리카노(4,000원). 두 종류의 치즈와 두 종류의 버섯이 들어간 큼직한 샌드위치는 많지 않은 재료로 심플한 맛을 냈다. 양념된 버섯과 단맛 나는 호밀빵이 어울린 맛은 한마디로 담백한 맛. 곁들여 나오는 할라핀의 매운맛이 모짜렐라 치즈의 느끼함을 달래준다.

커피는 1,000원 추가에 아메리카노(hot or iced)로 리필해준다. 처음에는 무료로 리필을 했으나 한두 모금 마시고 가는 손님들 때문에 추가 요금을 받게 됐다고.

2 시리얼 요거트(7,000원). 홈메이드 요거트에 시리얼을 1:1로 가득 넣었다. 요거트 가격이 조금 비싸지 않나 싶었는데 먹어보니 배가 부를 정도. 견과류가 많이 들어 있어 식사대용으로도 충분하다. 오가닉 시리얼에 꿀로 단맛을 낸 요거트는 완전 웰빙 식품.

찰칵 찰칵 DSRL 촬영 Tip

홍대 앞 카페들을 다니다 보면 그물 모양의 장식이 있는 창을 가끔 볼 수 있다. 이러한 그물망 모양이 있는 창을 통해 보는 풍경은 맑은 유리창 너머의 그것과는 분위기가 사뭇 다르다. 닿지 못할 아쉬움이랄까? 아니면 아련한 그리움인가? 사람마다 느끼는 감성은 다르겠지만 그물망이 어떤 분위기를 만들어내는 것은 확실하다. 이러한 느낌은 렌즈를 통해 봤을 때 더욱 강해진다. 렌즈에는 초점거리와 피사계심도가 있어서 너무 가까운 피사체나 피사계심도를 벗어난 대상에는 초점이 맞지 않는다. 유리창에 바싹 붙어서 창 너머를 촬영한다면 초점거리 때문에 그물망이 흐려질 것이고 유리창과 어느 정도 거리를 두고 촬영을 한다 해도 피사계심도 때문에 그물망에는 초점이 맞지 않는다. 이렇게 초점 범위에서 벗어난 그물망은 형체를 알아볼 수 없게 흐려지고 뭉개져서 환상적이고 아련한 분위기를 만들어내게 된다. 초점거리와 피사계심도를 이용한 촬영을 한다면 언제든지 이런 분위기를 만들어 낼 수 있다. 굳이 그물망 모양을 찾아다닐 필요없는 것이다.

28-70mm, 1/50s, F5.6, ISO200

28-70mm, 1/80s, F5.6, ISO200

파라다이스텔

2호선 홍대입구

델리스동교빌딩

대아빌딩

롯데시네마홍대입구

홍남빌딩

버터컵

휀미리마트

던스카페

위

아지트푼크트

서정빌딩

탐스타패스

남산빌딩

기린빌딩

블레싱

꿈

삼주빌딩

토라비

D+C+

성암빌딩

대나리오

천마빌딩

서교초등학교

짱

티테라스

알레누베

은화빌딩

조미스카페

성도빌딩

산울림소

임석빌딩

초코릿케이크

커피프린스1호점

언두

스튜디오뉴빌

태승빌딩

장수빌딩

청송빌딩

아트레

태일빌딩

카카오봄

다성빌딩

정일빌딩

대영빌딩

수다떠는도서관

지성빌딩

14

뚜벅이 김기자의 카페이야기 두 번째 카페마당

Oui 위

- **Open** 13:00 ~ 24:00(일요일은 밤 10시까지만, 매월 첫째 화요일은 휴일)
- **Tel** 02-338-0407
- **Home** www.cafegozo.com
- **Add** 서울시 마포구 서교동 329-1

 외관, 전경

한적한 주택가 길을 걷다가 작은 카페를 만나게
되면 '다음에 한 번 와봐야지' 하는 마음을 갖게
된다. 카페 〈위〉 또한 그렇다. 길가에 놓인 아기
자기한 화분들과 붉은 벽돌담, 넓고 시원한 창
을 가진 카페가 던지는 유혹은 쉽게 뿌리칠 수
없는 끈적함이 있다.

넓은 창을 통해 들어오는 햇빛과 사각형의 단순한 실내는 아담한 카페를 넓어 보이게 하고, 깔끔
하게 정리된 실내는 밝고 하얀 느낌이다. 붉은 벽돌의 고전적인 외관과는 달리 카페 안은 세련되
고 모던하다.

 세부

커다란 드립기가 그려진 벽은 주방과 홀을 나누는 칸막이. 드립 커피를 주로 하는 카페의 특징을
살리고자 주방과 분리된 드립 바를 따로 마련했다. 커피를 주문하면 마스터가 드립하는 모습을
바로 앞에서 볼 수 있다.

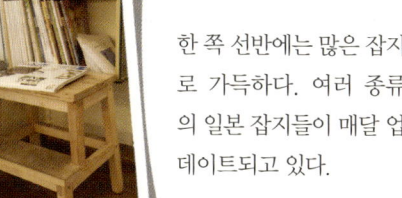

한 쪽 선반에는 많은 잡지
로 가득하다. 여러 종류
의 일본 잡지들이 매달 업
데이트되고 있다.

드립 바 뒤로는 주방이 있다. 주방이 넓은 공간을 차지하기 때문에 남은 공간에는 테이블 대신 바
테이블을 놓았다고... 프랑스에서 의상공부를 했던 카페 주인장은 카페를 유럽식 원룸 모양으로
꾸몄다. 화려한 원색이 난무하는 주방은 프랑스의 옷가게와 인테리어 숍을 참고한 컨셉트. 카페
이름 '위'도 Yes를 뜻하는 불어 Oui. 카페라는 다른 꿈을 시작하던 때, 긍정적인 마음을 갖자는
생각으로 카페 이름을 Oui로 지었단다. 가끔은 Oui를 '오이'로 읽는 사람들이 많아서 속상할 때
도 있다고...

혼자여도 부담되지 않는 작은 테이블 때문인지 〈위〉에는 나홀로 손님들이 많다. 손님 중에는 글을 쓰는 작가와 디자이너가 많은데 이곳에서 집필한 책을 선물하는 손님도 있었다고... 랩탑을 쓰는 손님을 위해 각 테이블 밑에는 콘센트가 마련되어 있다.

 메뉴

1 하우스 브랜드인 Oui's meal (11,000원). 브런치 메뉴로 커피와 샐러드가 함께 나오는 세트 메뉴이다. 〈위〉의 커피 중 인기 메뉴는 스트레이트 몬순(5,000원). 인도네시아 커피 특유의 쓴맛이 있다. 고소하고 진한 커피를 좋아한다면 몬순을 추천한다.

2 카페 쇼콜라(6,000원). 힘이 없고 기분이 다운됐다면 뜨거운 카페 쇼콜라를 마셔보자. 혀를 마비시키는 진한 단맛이 고갈된 에너지를 보충해 줄 것이다.

3 바나나 셰이크와 트로피컬 스무디 (각 7,500원). 생과일이 듬뿍 들어간 셰이크와 스무디는 심하게 걸쭉하다. 그러나 걸쭉한 생김새와는 달리 그 맛은 새콤, 달콤, 상큼. 특히, 토마토 케첩처럼 생긴 스무디의 맛은 생김새와는 전혀 딴판이라 그저 신기할 따름이다.

4 맥주 안주로 그만인 참깨 드레싱을 뿌린 햄샐러드(17,000원)와 매운 새우 베이컨말이(20,000원). 〈위〉의 메뉴들은 소스까지 직접 만들기 때문에 많은 시간의 투자가 필요했다고... 이러한 정성이 단골손님을 유지하는 비결이 되었다.

〈위〉에서 판매하는 주류로는 5종류의 병맥주와 스파클링 와인인 버니니가 있다.

커피의 리필료는 Hot은 1,000원, Iced은 1,500원. 그러나 단골에게는 무료라고..

찰칵 찰칵 DSLR 촬영 Tip

친한 친구들끼리 카페에서 만나 사진을 찍는다면 어떤 포즈가 어울릴까? 대부분의 사람들은 이런 질문이 떠오르기도 전에 이미 자세를 취하고 있을 것이다. 일렬로 한 곳에 모여서 카메라를 바라보든가 테이블 주위로 둥그렇게 모여 앉아 셔터가 눌려지기를 기다리는 모습으로... 이러한 포즈의 사진은 사람들의 홈페이지나 블로그에서 가장 많이 볼 수 있는 사진들이다. 사람들은 사진을 찍자고 하면 누가 시키지 않아도 정연하게 줄을 맞추고 카메라를 응시한다. 이제는 똑같은 사진, 한결같은 포즈가 지겹기도 하련만 ,카메라 앞에 선 사람들의 모습은 예나 지금이나 달라진 게 없다. 개성의 시대, 다양함의 시대에 맞게 사진 찍는 포즈에도 변화가 필요하다. 식상한 포즈는 재미없는 사진을 만들 뿐이다.

28-70mm, 1/40s, F5.6, +1ev, ISO400

카페에 손님이 없다면 공간을 넓게 사용해보자. 여태까지는 옹기종기 모여서 사진을 찍었으니 그와는 반대로 이리저리 흩어져 분산하는 것이다. 시선의 분산은 지금까지와는 전혀 다른 느낌의 사진을 만들어 줄 것이다. 그리 넓지 않은 공간이라면 사람들 사이에 거리를 조금 두고서 대칭구도를 만들어도 좋다. 대칭점 사이에 생기는 여백은 화면에 여유를 주기도 하고 대칭구도의 긴장감을 높이기도 한다. 잡지에서 보는 편집처럼 여백에 글자를 써 넣어도 재미있는 사진이 될 수 있다.

28-70mm, 1/40s, F5.6, ISO400

자연스러운 포즈를 위해서는 약간의 상황 연출이 필요하다. 단독 모델이 아닌 여러 사람을 대상으로 사진을 찍을 때에는 사람들에게 일일이 포즈를 지시하기가 쉽지 않다. 이럴 때에는 어떤 상황을 제시하고 그에 따르는 행동을 유발시키면 사람들의 행동과 표정은 자연스러워지고 분위기도 좋아진다.

유리문을 사이에 두고 친구끼리 마주보는 상황을 연출했다. 유리창을 촬영할 때에는 유리의 반사에 주의해야 한다. 유리에 생기는 반사는 빛의 입사각과 촬영 각도에 따라서 달라진다.

28-70mm, 1/160s, F5.6, +1ev, ISO400

첫 번째 사진은 유리문에 들어오는 빛의 각도와 촬영하는 각도가 반사각이 되어서 유리문이 거울처럼 돼버렸다. 유리문에 밝은 외부의 모습이 비쳐져서 안쪽의 인물이 잘 보이지 않게 되었다. 두 번째 사진은 반대편으로 자리를 옮겨서 촬영한 것으로 렌즈와 유리문에 반사된 빛이 약해져서 지저분한 반사를 줄일 수 있었다. 유리에 생긴 반사를 줄일 편광렌즈가 없다면 촬영 각도를 바꿈으로써 문제를 해결해 보자.

28-70mm, 1/60s, F5.6, ISO400

파라다이스텔

2호선 홍대입구

롯데시네마홍대입구

홍남빌딩

버터컵

대아빌딩

델리스동교빌딩

훼미리마트

던스카페

위

아지트푼크트

남산빌딩

서정빌딩

툼스타패스

기린빌딩

삼주빌딩

블레싱

토라비

꿈

대나리오

D+C+ 짱

성암빌딩

천마빌딩

서교초등학교

티테라스

알레누베

산울림소

조미스카페

성도빌딩

은화빌딩

임석빌딩

초코릿 케이크

커피프린스1호점

언두

스튜디오뉴빌

태승빌딩

장수빌딩

아트레

카카오봄

청송빌딩

태일빌딩

대영빌딩

수다떠는도서관

지성빌딩

디성빌딩

정일빌딩

15

뚜벅이 김기자의 카페이야기 두 번째 카페마당

Cacaoboom

카카오봄

- **Open** 09:00 ~ 22:00
- **Tel** 02-3141-4663
- **Home** www.cacaoboom.com
- **Add** 서울시 마포구 서교동 337-16

www.cacaoboom.com

카카오봄은
벨기에어로 **초콜릿나무**란 뜻입니다.
카카오봄은 벨기에 전통방식의 **수제초콜릿**을 만듭니다.
카카오봄은 인공색소, 방부제,첨가제를 전혀 넣지 않는
100% 카카오 버터만으로 만든 **진짜초콜릿**입니다.
Cacaoboom means **chocolate tree** in Dutch.
Cacaoboom is **handmade chocolate** using **traditional Belgian way.**
Cacaoboom never uses any food colorings, food preservatives, or additives.
Only uses **100% cacaobutter** to make **real chocolate.**

외관, 전경

길을 가다가 하얀색 벽 위에 원색의 예쁜 벽화가 있는 카페를 발견한다면 카메라를 꺼내지 않고 지나칠 수 있을까? 멀리서도 눈에 띄는 환한 공간은 〈카카오봄〉의 바깥 공간. 안쪽으로 깊숙한 공간을 전부 하얗게 칠해 놓아 빛의 반사로 인해 오묘한 조화를 이루도록 했다. '카카오봄'은 벨기에 어로 '초콜릿 나무'라는 말이다. 카페 〈카카오봄〉은 초콜릿 전문 카페이다. 〈카카오봄〉이 초콜릿 전문 카페여서일까, 우울한 기분을 상쾌하게 바꿔줄 만큼 환한 외관은 기분을 좋게 해준다는 초콜릿 속의 어떤 성분과도 닮은 듯하다.

넓은 입구와는 달리 카페 내부는 생각보다 크지 않다. 서너 개의 테이블이 고작. 그 대신 초콜릿이 가득한 장식장과 화려한 진열대가 많은 공간을 차지하고 있다.

 세부

장식장과 진열대를 가득 채운 초콜릿은 모두 〈카카오봄〉에서 직접 만든 수제 초콜릿. 그것도 초콜릿으로 유명한 벨기에식이다. 카페 마스터는 벨기에서 오랫동안 거주하면서 초콜릿을 배웠단다. 그곳의 유명 호텔에서 초콜릿 전문가로 일을 했을 정도라고... 2년간 초콜릿 제조만을 하다가 초콜릿 전문 카페를 차렸다. 〈카카오봄〉에서 판매하는 초콜릿은 프랄린 종류와 판 초콜릿 종류, 초콜릿 브라우니, 리치 케이크 등 다양하다. 스페셜 오더도 받는데 초콜릿으로 만드는 제품이면 무엇이든 가능하다고..

〈카카오붐〉의 인테리어는 모두 천연재료. 초콜릿에 인공적인 것이 들어가지 않듯이 카페도 자연성분으로만 꾸몄다고..

〈카카오붐〉에는 초콜릿 교실도 있다. 카페 안쪽의 공간은 수업을 듣는 강의실. 작은 제빵학원 같다. 카페 마스터가 직접 지도하는 초콜릿 교실은 취미과정이라기 보다는 창업을 위한 전문가 과정. 4개월간의 교육을 이수하고 나면 초보자도 전문가가 될 수 있다. 수업은 누구나 들을 수 있지만 먼저 문의 후 예약할 수 있다고...

메뉴

1 뜨거운 초콜릿 오리지널(4,500원). 〈카카오붐〉의 주메뉴는 초콜릿. 다양한 초콜릿 음료가 준비되어 있다. 뜨거운 초콜릿은 진하기에 따라 스트롱(5,000원), 오리지널, 마일드(5,000원)가 있는데 스트롱은 에스프레소 커피처럼 쓴맛이 강하고 마일드는 모양도 맛도 카푸치노처럼 부드럽다. 가장 많이 찾는 메뉴는 오리지널. 쓴맛과 단맛이 중간 정도이다. 모든 음료에는 나뭇잎처럼 생긴 초콜릿 한 조각이 서비스로 나온다.

차가운 초콜릿(5,000원)은 로우프레쉬 초콜릿을 사용하는데 '날씬한 초콜릿'이라고도 하는 로우프레쉬는 진하면서도 지방 성분이 적은 담백한 맛을 내는 초콜릿이다.

2 초콜릿을 얼려 만든 초콜릿 빙수 카카오 그라니따(6,500원). 카카오 그라니따는 전통방식으로 얼려 만든 빙수이다. 기계를 사용하지 않고 손으로 긁어낸 빙수는 얼음결이 살아있어 씹는 맛이 한결 좋다. 그래도 빙수인지라 몇 번 씹다보면 입안이 얼얼해서 결국에는 녹여먹어야 한다고... 아몬드와 초콜릿을 토핑하면 고소한 맛을 느낄 수 있다. 단맛을 좋아한다면 진하디 진한 초콜릿 시럽을 뿌려 먹어도 좋다.

〈카카오붐〉에는 쿠폰이 없다. 워낙 원가가 비싼 재료를 사용하는데 가격까지 낮게 책정해서 쿠폰을 발행할 여유가 없다고... 커피 리필은 500원 추가.

〈카카오붐〉에는 주류도 없다. 초콜릿 전문 카페이다 보니 주류와는 거리가 멀다... 하지만 초콜릿 재료 중에는 술이 첨가되기도 한다고... 초콜릿에 들어가는 술은 위스키, 코냑, 럼, 브랜디 등으로 다양하다. 술은 방부제 역할과 향을 내는 재료가 되기도 한다.

📷 찰칵 찰칵 DSLR 촬영 Tip

마음에 드는 배경을 찾았을 때, 특히 그 배경이 멋진 그림이 그려진 벽일 경우에 사람들은 두 번 생각할 것 없이 모델을 벽 앞에 세울 것이다. 배경이 어떤 색인지 모델이 어떤 옷을 입고 있는지는 나중에 살필 일이고, 일단은 온갖 포즈와 갖은 앵글로 수십 컷의 사진을 찍어댄다. 그런 후, 그 결과를 보면서 하는 말은 '생각보다 배경이 안 좋아', '카메라가 별로여서 사진이 안 나오네' 하는 실망 가득한 투정을 할 뿐이다. 사진을 찍는 많은 사람들이 잘못 생각하는 것 중에 하나가 '사진을 많이 찍다보면 좋은 사진이 나오겠지'라는 막연한 기대감이다. 물론 사진을 많이 찍고 연습을 하다보면 좋은 사진을 찍을 수 있다. 하지만 아무런 계획이나 생각 없이 사진을 찍는다면 수천, 수만 컷의 사진을 찍더라도 좋은 사진을 얻기는 하늘의 별따기 만큼이나 어려울 것이다. 간혹 그렇게 해서 좋은 사진이 나온다 하더라도 '소발에 쥐잡기'일 뿐이다. 좋은 사진은 우연히 얻어지는 행운이 아니라 주의 깊은 관찰과 정확한 계획, 자신만의 생각을 담아서 만들어내는 창작물이다. 다시 배경 얘기로 돌아가서, 여러 포즈와 다양한 앵글로 수많은 사진을 찍더라도 배경과 인물이 어울리지 않는다면 좋은 사진이 나올 수 없다. 원색의 그림이 그려진 하얀 벽을 배경으로 삼았다면 무채색의 칙칙한 옷과 원색의 화사한 옷 중에 어떤 옷이 배경과 더 잘 어울릴까? 사진을 잘 찍으려면 상상력이 필요하다. 자신이 찍고자 하는 이미지를 머릿속에 떠올리면 사진으로 나올 결과물을 어느 정도 예측할 수 있다. 잘못된 결과는 잘못된 과정에 의해 만들어질 뿐이다.

28-70mm, 1/50s, F8, +1ev, ISO200

카카오붐은
벨기에어로 **초콜릿나무**란 뜻입니다.
카카오붐은 벨기에 전통방식의 **수제초콜릿**을 만듭니다.
카카오붐은 인공색소, 방부제, 첨가제를 전혀 넣지 않는
100% 카카오 버터만으로 만든 **진짜초콜릿**입니다.
Cacaoboom means **chocolate tree** in Dutch.
Cacaoboom is **handmade chocolate** using **traditional Belgian w**
Cacaoboom never uses any food colorings, food preservatives, or addi
Only uses **100% cacaobutter** to make **real choc**

www.cacaoboom.com

28-70mm, 1/50s, F8, +1 1/2ev, ISO200

벽을 배경으로 삼을 때 망설여지는 부분 중에
하나가 화면에 인물을 다 넣을까, 부분만 넣을
까 하는 고민이다. 사진 용어를 쓰자면 풀 샷
(Full Shot)인지, 웨이스트 샷(Waist Shot)인지,
바스트 샷(Bust Shot)인지를 정하는 부분이다.
인물사진에서 이러한 구도를 정하는 것은 언제
나 중요한 문제가 되지만 벽을 배경으로 할 때
는 벽의 밋밋한 평면구조 때문에 어디에 포인
트를 둘지가 고민거리가 된다. 이럴 경우에는
배경으로 삼고자 하는 벽면에 주의를 두자. 벽
에 그려진 그림이 마음에 든다면 그림이 다 나
올 정도로 화각을 넓히면 되고 문구가 마음에
든다면 그 부분만 나오도록 화각을 좁힌다. 그
에 따라 카메라 샷을 자연스럽게 정한다. 이때,
주의할 점은 어색하게 잘리는 관절이 없도록
하는 것. 손목이나 무릎, 팔꿈치 등의 관절이
잘리면 인물의 포즈가 어색하고 보기에 불편한
사진이 되기 때문이다.

28-70mm, 1/160s, F8, +2/3ev, ISO200

버터컵

던스카페   위
아지트푼크트
롯데시네마홍대입구   톰스타패스
홍남빌딩
파라다이스텔   꿈
대아빌딩   성암빌딩   대나리오
델리스동교빌딩   훼미리마트   토라비   티테라스   알레누베
서정빌딩   D+C+   성도빌딩
남산빌딩   블레싱   짱
가린빌딩   조미스카페
삼주빌딩   커피프린스1호점
서교초등학교
천마빌딩   임석빌딩   초콜릿케이크   스튜디오뉴빌
은화빌딩   언두   장수빌딩
태승빌딩   카카오봄
이트레   대영빌딩   수다떠는도서관
청송빌딩   태일빌딩
지성빌딩
다성빌딩   정일빌딩

2호선 홍대입구

산울림

16

뚜벅이 김기자의 카페이야기 두 번째 카페마당

Tora-b 토라비

- ■■ **Open**   12:00 ～ 24:00(매주 월요일 휴무)
- ■■ **Tel**   02-6408-8038
- ■■ **Home**   cafe.naver.com/torab
- ■■ **Add**   서울시 마포구 서교동 347-12

 외관, 전경

아무것도 없는 주택가 골목, 삐죽 나온 작은 입간판 하나가 눈에 들어온다. 하얗고 단촐한 나무 간판을 세운 곳은 카페 〈토라비〉. 1층이지만 지하인 반지하 구조의 카페이다. 겉보기엔 너무나 작아 보여서 카페가 맞나 싶을 정도인 〈토라비〉. 하지만 들어가 보지 않았으면 말을 말아야 할 카페가 이곳 〈토라비〉이다.

안쓰러울 정도로 작아 보이는 테라스를 지나 카페 안으로 들어서면 카페는 겉보기와는 전혀 다른 새로운 모습으로 탈바꿈한다. 좁은 통로를 두고 안으로 깊숙한 실내는 여러 공간으로 나뉘는데 출입문 왼쪽의 넓은 방이 메인홀 그리고 오른쪽 벽면이 주방이다. 다양한 소품이 나열된 좁은 복도를 지나면 또 다른 주방과 테이블이 나타나는데 안쪽의 주방은 사용하지 않는 모형이다. 주방이 있는 안쪽 테이블에 앉아 있으면 마치 우리 집 부엌에 앉아 있는 듯 편한 기분을 느낄 수 있다. 안쪽 공간에 있는 방은 음악가의 작업실. '토라비' 라는 카페 이름을 지은 전 운영자의 작업실이다. 일본에서 5년간 〈바오밥〉이라는 카페를 운영했던 전 운영자는 지금의 주인장에게 카페 운영을 넘기고 현재는 음악 작업을 하고 있다고... 작업실에서는 기타 레슨도 하고 있다.

🔍 세부

'토라'는 일본어로 '호랑이', 'b'는 좋아하는 음악가의 이니셜이라고 한다. '토라비'는 별 의미 없는 합성어. 그런데 입에 착착 안기는 발음이 어감도 좋고 무언가 있어 보인다. 카페 이름과 카페를 만든 사람의 이력에서 알 수 있듯이 〈토라비〉는 일본풍 카페이다. 아기자기한 구성과 다양한 소품들은 '컨트리'하고 '빈티지'한 느낌을 한껏 살려준다. 한마디로 오래되고 편안한 느낌이다. 이러한 느낌은 모양이 각기 다른 테이블에서 강하게 느낄 수 있는데 〈토라비〉의 테이블은 모두 직접 디자인하고 제작한 것이라고 한다. 나무판자를 이어 만든 테이블은 빈티지 느낌이 나는 가구가 아니라 진짜 빈티지다. 그래서 〈토라비〉에는 인기 있는 테이블이 따로 있다고 한다.

〈토라비〉의 복도를 장식한 소품들은 일본에서 구입한 것들로 모두 판매하는 것들. 소품을 사러 오는 손님도 상당하다고 한다.

주방 옆 벽에 붙은 메모와 명함은 〈토라비〉를 찾은 손님들이 남긴 것. 디자인이나 일러스트에 종사하는 사람들이 많이 온다는 것을 알 수 있다.

넓은 홀에서는 일러스트와 사진 위주의
전시가 열리기도 한다. 전시는 1~2개월
간 무료로 할 수 있다.

메뉴

1 가또 쇼콜라(4,500원)와 탄자니아 커피(5,000원). 직접 구운 홈메이드 케이크
와 부드러운 핸드드립 커피는 〈토라비〉에서 가장 많이 찾는 메뉴. 〈토라비〉에서
는 핸드드립 커피가 인기가 많은데 커피 종류로는 탄자니아, 케냐, 예가체프 그
리고 블렌딩을 한 토라카페가 있다.

2 케이크처럼 만든 프랑스 빵, 시나몬 구겔호프(4,500원).
〈토라비〉의 리필은 아메리카노 1,000원, 핸드드립이나 투샷이 들어가는 커피는
2,000원에 가능하다.

찰칵 찰칵 DSLR 촬영 Tip

캔디드 샷(candid shot)을 찍어 본 적이 있는가? 캔디드 샷은 카메라의 대상이 되는 인물이 사진 찍히는 것을 의식하지 못하게 몰래 촬영하는 촬영방법이다. 쉽게 말하면 도촬(?) 정도. 그래도 도촬은 어감이 좋지 않으니 캔디드 샷이란 용어를 사용하도록 하자. –영어를 쓰면 왠지 어렵게 느껴지기는 하지만 말이다. 몰래 사진을 찍는다는 말에서 느껴지듯이 캔디드 샷의 대상은 사람이다. 카메라 렌즈의 대상은 촬영자가 아는 사람일 수도 있고 전혀 모르는 남일 수도 있다. 그렇다면 사람을 몰래 촬영하는 이유는 무엇일까? 몰래 찍는 사진에 이름까지 붙여가면서 중요하게 다루는 이유는 바로 캔디드 샷은 자연스러운 분위기를 만들어내기 때문이다. 사람들은 카메라가 앞에 있다는 이유만으로 어색한 몸짓과 표정을 지어낸다. 카메라 렌즈를 바라볼 때는 말할 것도 없거니와 렌즈를 바라보지 않는다 해도 카메라를 의식한 순간부터 자연스러운 행동을 취하기란 여간 쉬운 일이 아니다. 프로 모델들의 자연스러운 모습도 사실은 훈련된 연출일 뿐이다. 반면 카메라를 의식하지 못한 상황에서는 어색해하거나 행동을 꾸밀 이유가 없다. 평소처럼 진솔하고 자연스럽게 행동한다. 바로 이러한 모습을 잡아내기 위한 방법이 캔디드 샷이다. 캔디드 샷에서는 인물의 습관, 버릇, 태도 등이 여실히 드러난다. 촬영자가 잘 아는 사람이라면 캔디드 샷으로 그 사람의 본 모습을 확인할 수 있고 모르는 사람이라면 그 사람의 주변 분위기와 가장 잘 어울리는 인물사진을 만들 수 있다. 꾸미지 않고 자연스러운 모습을 원한다면 방법은 캔디드 샷이다.

캔디드 샷은 순간적인 장면을 잡아내는 것이다. 상대방에게 나의 의도(사진을 찍겠다는 의도)를 들키지 않고 무방비 상태에서 순식간에 촬영을 하는 것이 관건이다. 그래서 캔디드 샷을 위해서는 몇 가지 준비가 필요하다. 우선 언제든 셔터를 누를 수 있도록 카메라가 세팅되어 있어야 한다. 알맞은 조리개와 셔터, 초점까지. 재빠른 촬영을 위해서는 조리개보다는 셔터 속도가 중요하다. 아무래도 빠른 셔터가 빠른 촬영에 유리하겠다. 정확한 초점도 중요한데 요즘 카메라는 빠르고 정확한 AF를 사용하기 때문에 별 문제 될 것은 없다. 하지만 피사체가 움직인다거나 AF가 제대로 작동되지 않는 상황 또는 AF로 초점을 맞출 시간조차 없을 정도로 빨리 촬영을 해야 하는 경우에는 몰래 AF로 초점을 맞춘 후 수동으로 전환해 놓거나 목측으로 거리를 재서 수동으로 초점거리를 맞추는 것도 좋은 방법이다. 조리개를 조여서 피사계심도를 깊게 하는 것도 방법이다. 이 경우에는 셔터 속도가 느려지는 것을 감안해야 한다. 카메라만 준비되었다고 좋은 캔디드 샷을 찍을 수 있는 것은 아니다. 카메라가 준비되었다면 인물의 행동이나 주변 상황을 예측할 수 있도록 주의를 기울이자. 예측 없이는 좋은 기회를 잡을 수 있다. 예민한 안테나를 세우고 있어야 순간을 놓치지 않는다.

28-70mm, 0.3s, F4.5, ISO400

28-70mm, 1/15s, F4, -2/3ev, ISO400

캔디드 샷에는 주의할 점이 하나 있다. 개인의 사생활과 이익이 중요시 되는 오늘날에는 초상권 침해가 큰 문제가 되기 때문에 모르는 사람을 촬영했을 때는 초상권에 대한 문제가 발생하지 않도록 조치를 취해야 한다. 촬영 후에 동의를 구하는 수도 있겠고 얼굴이 나오지 않게 촬영하는 방법도 좋겠다. 인물의 얼굴이 나오지 않더라도 분위기를 살리는 사진이라면 좋은 사진이 될 수 있으니 말이다. 위의 사진은 카페 분위기를 살릴 수 있도록 뒤의 손님을 화면 안에 배치시켰는데 얼굴이 나오지 않도록 화분에 초점을 맞추고 조리개를 열어서 피사계심도를 얕게 했다.

롯데시네마홍대입구

파라다이스텔

2호선 홍대입구

대아빌딩

멜리스동교빌딩

남산빌딩

삼주빌딩

천마빌딩

은화빌딩

서교초등학교

청송빌딩

이트레

태일빌딩

다성빌딩

훼미리마트

서정빌딩

키린빌딩

블레싱

토라비

D+C+

짱

조미스카페

임석빌딩

언두

태승빌딩

정일빌딩

초코릿케이크

스튜디오뉴빌

대영빌딩

수다떠는도서관

지성빌딩

홍남빌딩

버터컵

던스카페

아지트푼크트

톰스타패스

꿈

성암빌딩

티테라스

성도빌딩

위

대나리오

알레누베

산울림소

커피프린스1호점

장수빌딩

카카오봄

17

뚜벅이 김기자의 카페이야기 두 번째 카페마당

tea terrace

티테라스

- ■■ **Open** 13:00 ~ 23:30
- ■■ **Tel** 02-323-0036
- ■■ **Home** town.cyworld.com/teaterrace
- ■■ **Add** 서울시 마포구 서교동 335-4

 외관, 전경

홍대 앞에 수많은 카페가 생기기 전부터 사람들
의 이정표 역할을 하던 카페가 있었으니 그 카페
가 바로 〈티테라스〉. 홍대 앞 지리를 잘 아는 사
람이나 초행인 사람들도 산울림 소극장 주변 길을 물을 때면 언제나 〈티테라스〉를 중심으로 길을
묻고 방향을 설명한다. 그만큼 〈티테라스〉는 오래되고 눈에 잘 띄는 카페(홍대 앞에서 근 4년을
자리했다)라는 얘기일 것이다.

〈티테라스〉에는 다른 카페에서는 볼 수 없는 독특한 아이템이 있다. 그것은 바로 테이블을 덮고
있는 하얀 테이블보. 레스토랑이나 호텔에서 보던 하얀 테이블보를 카페에서 보다니 느낌이 새
롭다. 깔끔한 이미지에 맞게 〈티테라스〉는 금연 카페이다. 그러다보니 카페를 주로 찾는 손님은
20~30대 여성. 손님의 95% 정도를 차지할 정도. 얼마 안 되는 남성 손님은 모두 단골이라고..

 세부

전체적으로 나무 느낌이 물씬 나는 인테리어는 카페 오픈부터 유지해 온 컨셉트. 편안한 분위기
가 나도록 마루, 의자, 선반 등, 바닥부터 천장까지 모두 나무를 사용했다. 나무로 만든 가구들은
오래 사용하다보니 삐걱거리는 소리를 내기도 한다. 오히려 그러한 면이 훈훈하고 정감 있는 온
기를 전하기도 한다.

출입문 앞에 놓인 티 세트. 햇살 받은 하얀 다기로부터
다즐링 향기가 나는 듯하다.

데스크 앞에 자리한 선반에는 도예를 전공한 카페 마스
터가 손수 만든 예쁜 도자기들이 새로운 주인을 기다리
고 있다. 판매가격은 10,000원~15,000원.

창가에 있는 랩탑은 손님을 위한 서비스.

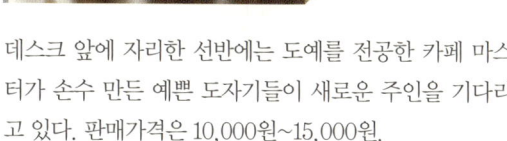

〈티테라스〉 벽면의 선반과 장식장 위에 보이는 다양한 자기 장식들은 모두 주전자이다. 얼핏 보면 도자기 인형처럼 보이지만 모두 실제로 사용할 수 있는 주전자라고.. 영국에서 건너 온 희귀한 주전자들이다.

메뉴

1 웨딩 임페리얼(6,500원). 현관 앞 테이블을 장식한 바로 그 티 세트이다. 카페 주인장은 영국에서 공부를 하다가 홍차에 관심을 갖게 되었다고 한다. 〈티테라스〉의 인테리어에서 유럽 스타일을 느낄 수 있는 것도 바로 그러한 이유. 카페 이름에서 알 수 있듯이 〈티테라스〉의 주메뉴는 티. 국내에서는 구하기 힘든 다양한 홍차와 허브차를 맛볼 수 있다. 카페 주인장은 차를 구입하기 위해 일 년에 한두 차례 일본에 다녀오기도 한다고... 〈티테라스〉에서는 모두 잎차만을 사용하고 날이 추운 계절에는 워머로 다기를 따뜻하게 데워준다. 사용하는 브랜드는 루피시아, 포숑, 마리아쥬 프레르, 카렐 등.

2 로열 쇼콜라(3,500원)와 아메리카노(5,500원) 그리고 라이트 치즈 케이크(3,500원). 〈티테라스〉에는 차만 있는 것은 아니다. 진한 아메리카노와 달콤한 케이크도 맛볼 수 있다.

〈티테라스〉에서는 에스프레소와 로열 밀크티를 제외한 다른 음료는 모두 리필이 가능하다. 커피나 주스는 아메리카노로 리필을 해주고 홍차나 허브차는 마시던 것으로 리필해준다. 쿠폰 서비스도 있는데 10잔에 1잔이 무료이고 그 후에는 10% 할인 카드를 발급해준다.

찰칵 찰칵 DSRL 촬영 Tip

햇살이 강하게 들어오는 창가에서 사진을 찍을 때면 노출에 크게 신경을 쓰지 않더라도 예쁜 사진을 얻을 수 있다. 밝고 부드럽고 풍부한 빛이 얼마간의 노출 차이를 무마시켜주기 때문에 사진을 대충 찍더라도 무난한 결과를 얻을 수 있는 것이다. 무난한 사진에 만족하지 못한다면 풍부한 빛을 좀 더 활용해보자. 창가의 밝은 빛은 일종의 역광으로 약간의 오버 노출로 화사하고 따뜻한 분위기를 연출할 수 있다.

창으로부터 들어오는 밝은 빛의 느낌을 살리기 위해 노출을 오버시켰다. 조리개 우선이나 셔터 우선의 자동 노출로는 +2stop의 노출 오버만 가능하기 때문에 수동 노출로 +2stop 이상의 노출 오버를 주었다.

28-70mm, 1/60s, F4, ISO400

Tip in Tip

흔히들 인물사진을 찍는다고 하면 얼굴이 포함된 사진을 생각하고 또 그렇게 찍어 왔다. 눈동자에 초점을 맞추고 알맞은 표정이 나오기를 기다렸다가 셔터를 누른다. 그러나 이런 정형화된 틀을 깨면 어떤 사진이 나올까? 인물사진에서 얼굴을 제외하고 촬영해보자. 눈동자가 아닌 긴 손가락, 늘씬한 다리, 가녀린 어깨 등. 사람에게는 초점을 맞출 부분이 의외로 많다.

28-70mm, 1/20s, F4.5, -1 2/3ev, ISO200

사람에게는 그 사람만의 분위기가 존재한다. 얼굴 표정에서 뿐만 아니라 몸짓, 걸음걸이, 뒤태, 그만의 습관 속에서 한 사람의 고유한 분위기를 느낄 수 있다. 얼굴을 제외한 인물사진은 사람의 분위기를 표현하는 한 방법이다. 얼굴과 표정에 의해 가려져 있던 몸이 건네는 말을 들어보자.

28-70mm, 1/4s, F4.5, -1ev, ISO200

따뜻한 커피가 든 머그잔을 잡는 방법은 셀 수 없이 많다. 그 사람의 습관, 그날의 기분, 신체적 특징 등에 따라 커피 잔을 잡는 방법은 달라진다. 그러한 모습이 한 사람을 대변할 수 있도록 사진을 찍어보자.

사람의 부분만을 강조하는 유용한 방법으로는 크롭과 앵글이 있다. 크롭은 한 부분을 강조할 수 있다. 필요 없는 부분을 과감히 잘라내고 포인트만 담아내는 것이다. 크롭에는 두 가지 방법이 있는데, 한 가지는 촬영할 때 프레임을 정하는 것. 이것은 다른 말로 하면 구도가 될 수 있다. 처음부터 계산된 촬영을 하는 것이다. 다른 한 가지는 크롭의 원래 뜻인 원본 사진에서 부분을 잘라내는 것. 처음부터 계산된 것은 아니지만 보다 나은 결과물을 얻기 위한 방법이 될 수 있다. 그러나 사진을 찍는 감각과 안목을 키우기 위해서는 첫 번째 의미의 크롭이 추천된다.

부분만을 담아낼 때는 앵글의 변화가 중요하다. 대상에 접근하는 다양한 앵글은 얼굴 없이도 살아 있는 표정을 표현할 수 있게 해준다. 인물사진에 얼굴이 들어가면 대체로 바라보는 시선 그대로 앵글을 잡게 된다. 그러나 얼굴이 제외된다면 카메라는 평소 생각지 않던 각도로 수월하게 들어 갈 수 있게 된다. 일반적이지 않은 각도에서 바라보는 사람의 몸은 숨겨왔던 표정과 습관을 드러낼 것이다.

28-70mm, 0.3s, F4, ISO200	28-70mm, 1/80s, F4, ISO200

인물사진에 얼굴이 포함되지 않으면 모델이 포즈를 취할 때까지 기다리지 않아도 된다. 사진가만 준비되어 있다면 언제 어디서든 촬영이 가능한 것이다. 보기 싫은 표정도 없고 어색한 포즈도 없으니 얼마나 좋은가.

국민은행
예소극장
서교동주민센터
홍대프라자
홍익어린이공
동부빌딩
문예빌딩
석진빌딩
칼트홀
동강빌딩
진흥하이츠원룸
금산빌딩
코너
서원빌딩
다원빌딩
중산빌딩
유창빌딩
청송빌딩
서명빌딩
레인보우크
아벡누
교연빌딩
405치킨
홍익빌딩
아트빌딩
클럭와이즈
바우하우스
화목빌딩
삼송빌딩
카페비
코드
버닝하트
극동방
코미빌딩
GS빌딩
아일
창밖을봐
키라키라
스토브
그
티케
사다리
더빌레
다락
재리
극동빌딩
VW
호호미율
광명빌딩
테이블15
물고기
토끼의지혜
디모멘트
RJ포트
페어자에이
무양빌딩
은하수다방
필라멘트
미즈모던
영광빌딩
사이역
정명빌딩
앳홈
하루
18그램
영빈빌딩
우성빌딩
즐거운북카페
브라운세트
스쿠터앤샵
카페디
6호선 상수역
남정빌딩
엘림오피스텔

① ②
④ ③

18

뚜벅이 김기자의 카페이야기 세 번째 카페마당

4O5 KITCHEN

405키친

- ■■ **Open** 11:00 ~ 02:00(금, 토 : 04시까지, 일 : 01시까지)
- ■■ **Tel** 02-332-3949
- ■■ **Home** www.405kitchen.com
- ■■ **Add** 서울시 마포구 서교동 405-13

외관, 전경

햇살 좋은 오후에 〈405키친〉의 노란색 문을 만나면 기분이 좋아진다. 고흐의 해바라기 같은 느낌이랄까. 유치할 정도로 진한 노란색 간판과 주렁주렁 그림자를 드리운 국자들을 보고 있자면 왠지 모를 식욕이 샘솟기도 한다. 현관 위를 장식한 국자와 '키친'이라는 이름 때문일까? 카페 이름이 '키친'이라니, 처음에는 음식점이 아닐까 하는 마음에 약간의 의심을 안고 카페에 들어서지만 〈405키친〉에 한 번 발을 들여놓으면 그 후로는 카페의 매력에 중독되고 만다. 겉으로는 알 수 없는 〈405키친〉의 깊은 매력. 탐구해볼 만한 가치가 충분한 멋진 즐거움이다.

〈405키친〉은 5개의 공간으로 구분되는 상당히 큰 카페이다. 겉모습과는 달리 안쪽 공간이 넓은 곳인데, 출입문을 들어서서 보는 홀의 모습만으로는 그 뒷부분을 상상하기가 어렵다. 주방 겸 데스크가 가운데에 자리한 홀은 상당히 널찍한 편이어서 웬만한 카페 정도의 크기이다. 그래서 처음 〈405키친〉에 온 손님들은 홀 부분이 카페의 전부인 줄 아는 경우가 많다. 그러나 주방의 양 옆으로 난 복도로 들어가면 단체 모임이 가능한 독립된 룸과 편안한 좌식 공간 그리고 실외의 뒤뜰을 만나게 된다. 그래서 〈405키친〉은 전면 테라스와 홀, 룸과 좌식 공간 그리고 뒤뜰 등 모두 5개의 공간으로 구분된다. 홀과 테라스, 뒤뜰에서는 흡연이 가능하고 좌식 공간과 룸에서는 금연이다.

세부

카페 곳곳에는 크고 작은 목각 인형들이 다양한 모습으로 놓여 있다. 〈405키친〉을 상징하는 아이템이라 해도 좋을 만큼 카페 여러 곳에 숨어있는 목각 인형. 숨은 그림 찾듯 찾아내는 재미가 솔솔하다.

쿠폰 만드는 법을 친절하게 적어놓았다. 음료는 종류에 상관없이 하나에 도장 한 개. 10개를 모으면 음료나 커피가 무료이다. 와인은 따로 쿠폰을 만드는데 와인 1병당 도장 하나를 찍어주고 10개에 하우스와인 1병을 공짜로 준다.

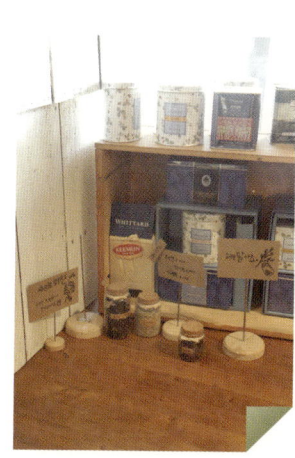

여러 종류의 허브티를 대, 중, 소 크기에 따라 판매하고 있다. 가격은 크기별로 8, 6, 4천 원.

차분한 벽돌 벽이 인상적인 룸은 소모임이 가능한 공간이다. 룸 아래는 건물의 지하 주차장으로 내려가는 통로이기 때문에 넓은 창을 통해 밖을 내다보면 룸이 있는 곳은 공중에 떠 있는 듯한 기분이 든다. 홍대 앞 카페들이 주차공간이 없는 편인데 비해 〈405키친〉은 건물의 주차장을 이용할 수 있어서 10대 가량의 차를 주차할 수 있다. 단, RV나 큰 차는 주차장을 이용하기 어렵다고.

주방 뒤편에는 편안히 몸을 기댈 수 있는 좌식 공간이 있다. 건물의 안쪽 공간이지만 뒤뜰이 내다보이는 넓은 창이 있어 전혀 답답하거나 막힌 느낌이 들지 않는다. 신발을 벗어야 하는 번거로움이 있지만 가장 인기 있는 자리이기도 하다.

건물 뒤편의 공간을 개조하여 뒤뜰을 만들었다. 천장과 둘레를 유리벽으로 막아 비가 오는 날이나 추운 계절에도 불편함 없이 이용할 수 있다. 울창한 나무와 풀이 주위를 둘러싸고 있어서 마치 숲 속의 카페에 온 듯한 기분이 들기도 하다. 삭막한 도시의 빌딩 속에서 자연을 느낄 수 있다니, 생각지 못한 호사를 누리게 해주는 공간이다.

 메뉴

1 스테이크 샌드위치(8,000원)와 405요거트(8,000원). 신선한 샐러드와 내용물이 푸짐한 샌드위치는 과일이 듬뿍 담긴 홈메이드 요거트와 환상 궁합. 식사와 디저트가 해결되는 이 조합을 세트 메뉴로 할인된 가격에 맛볼 수 있으면 좋으련만...

2 〈405키친〉의 또 하나의 '환상의 짝꿍'인 티라미슈 케이크(6,000원)와 카푸치노(6,000원). 투명한 유리컵에 가득 담겨 차갑게 보관된 티라미슈 케이크는 그야말로 입안에서 살살 녹는 달콤함 맛. 부드러운 거품이 철철 넘치는 카푸치노와는 찰떡 궁합이다. 〈405키친〉의 사장님은 또 다른 홍대 앞 카페인 〈커피상점 18gram〉을 운영하기도 하는데 두 곳의 커피는 사장님이 직접 로스팅한 원두로 만들어진다.

3 블러드 드립 아이스커피(7,000원). 찬물에 내리는 더치커피 만드는 과정을 보기란 흔한 일이 아니다. 한 방울씩 떨어지는 물방울을 모아 커피 한 잔을 만든다니 피 같이 귀한 커피라고 할 수밖에...

〈405키친〉에서는 뜨거운 아메리카노로 한 번의 무료 리필이 가능하다. iced 아메리카노는 iced 아메리카노로 리필해준다고... 추가 리필부터는 1,000원의 리필료를 받는다.
주류로는 병맥주와 30여종의 와인 그리고 상그리아가 있다. 하우스와인은 한 잔에 7,000원.

찰칵찰칵 DSLR 촬영 Tip

무채색의 어두운 벽은 인물촬영에서는 최고의 배경이 되어 준다. 빛을 흡수하는 어두운 배경은 벽과 인물 사이의 거리감을 무화시켜서 평면적이고 회화적인 느낌의 사진을 만들어준다. 밝지 않은 실내조명은 이러한 거리감을 더욱 약하게 하는데 입체감과 거리감을 주는 그림자를 만들지 못하기 때문이다. 간혹 그림자가 생기더라도 어두운 배경에 묻혀서 벽과 그림자를 구분하기는 힘들게 된다.

28-70mm, 1/13s, F4.5, -1 2/3ev, ISO200

무채색 벽에는 그에 어울리는 의상이 따로 있다. 아무 옷이나 회화적이고 평면적인 효과를 내는 것은 아니고 벽과 같은 무채색 계열의 옷이 이러한 효과를 살릴 수 있는데, 배경과 옷이 어두운 상황에서는 인물의 피부만이 밝게 빛나 보이는 현상이 생기기도 한다. 이것은 램브란트 효과와 비슷한데, 램브란트 효과는 화면을 구성하는 어둠과 밝음의 비율이 7 : 3 정도로 전체적으로 어두운 화면 속에서 빛을 반사하는 인물의 얼굴이나 피부만이 밝게 보이는 모습을 두고 하는 말이기도 하다. 이러한 램브란트 효과는 화면 속에서 인물을 강조하고 생기 있는 얼굴로 보이게 해준다. 또한 어둠과 밝음의 면적 대비는 평면적인 화면 속에서 입체감을 생성하는데 밝은 부분이 어두운 부분보다 상대적으로 앞으로 돌출된 느낌이 드는 현상 때문이다. 때문에 램브란트 효과는 인물을 강조하는 초상화에 많이 쓰였고 같은 원리로 인물 촬영에도 응용할 수 있다. 빛을 찍는 사진에서 좋은 빛은 필수 조건이다. 그러나 밝고 풍부한 빛만이 좋은 빛이 되는 것은 아니다. 때로는 최소한의 빛이 좋은 사진을 만드는 조건이 되기도 함을 알아두자.

Tip in Tip

전체적으로 어두운 톤의 사진을 만들기 위해 2stop 가까이 노출 언더를 주었다.

28-70mm, 1/10s, F4.5, ISO200

28-70mm, 1/13s, F4.5, ISO200

〈405키친〉의 룸에서 촬영한 사진이다. 앞의 사진과 마찬가지로 무채색 벽을 배경으로 삼았는데 벽돌로 쌓은 벽 앞에는 커다란 창이 있고 삼면이 막힌 곳이라 독특한 채광 효과를 얻을 수 있었다. 앞에 사진과 비교했을 때 빛의 양은 많지만 전체적으로는 어두운 톤의 사진이어서 램브란트 효과를 살린 사진이라고 할 수 있겠다. 창의 높이가 높은 편이라 벽의 위쪽은 밝고 아래쪽은 어두워서 자연적인 그라데이션이 생겼다. 가장 밝은 부분에 모델을 세우고 노출을 측정했는데, 이렇게 실내로 빛이 들어오는 공간에서는 신경 써서 노출을 계산할 필요가 없어서 노출 측정에 대한 부담이 적었다. 이런 공간은 어두운 부분과 밝은 부분이 균등한 조화를 이루기 때문에 평균적인 노출값을 만들어낸다. 때문에 노출계가 측정한 노출을 그대로 믿고 노출보정 없이 촬영을 해도 정확한 노출의 사진을 얻을 수 있다.

왼쪽 사진은 아무런 소품 없이 벽만을 배경으로 촬영한 것이다. 그런데 인물이 화면 가운데에 있어서인지 왠지 심심한 느낌이 들기도 한다. 그래서 옆에 있는 의자를 끌어다가 인물 옆에 놓아 보았더니 미묘한 느낌의 차이가 발생했다. 어느 사진이 좋은지는 개인적인 취향에 따라 다를 테니 여기서는 느낌의 차이가 발생했다는 점에만 주목하자. 카페라는 공간의 분위기를 살릴 때에는 의자나 테이블이 좋은 소품 역할을 한다는 것을 알 수 있는 사진이 되었다.

19

뚜벅이 김기자의 카페이야기 세 번째 카페마당

MooLGoGi 물고기

- **Open** 11:30 ~ 02:00
- **Tel** 02-338-0913
- **Add** 서울시 마포구 서교동 401-1

외관, 전경

깔끔하고 예쁘게 꾸민 카페들이 가득한 동네에 정돈되지 않고 예쁘지 않은 카페가 있다면 단연 눈에 띄지 않을까? 〈물고기〉는 외형상으로는 그러한 틈새를 공략한 카페 같아 보인다. 별다른 장식도 없고 근사한 테라스도 없다. 대신 일자로 늘어선 유리문이 그대로 치장 없는 외벽이 되기도 하고, 병풍 접듯이 한 곳에 접어놓으면 안과 밖이 뚫린 열린 공간이 되기도 한다. 그러고 보니 〈물고기〉는 안과 밖의 구분이 없는 좀 특이한 구조이다. 외형상으로는 별 볼품없어 보이는 〈물고기〉, 그러나 그 안에서는 흐트러진 듯한 편안함과 얽매이지 않는 자유로움을 한껏 느낄 수 있다.

 **세부**

〈물고기〉에 들어서면 제일 먼저 눈에 들어오는 것이 바로 이 커다란 테이블. 열댓 명이 앉아도 부족함이 없어 보이는 대형 테이블이다. 웬만한 동호회 모임이나 단체 모임도 가능한 크기이다.

한 쪽 구석에 엉성하게 자리한 책장과 책상은 마치 80년대 초등학교 교실을 보는 듯하다. 낡은 책걸상과 노란빛 스탠드는 옛날 분위기를 충실히 재현해 주는 소품들. 비어있는 책장을 채울 만한 책 4권 이상을 기증하면 커피 한 잔을 무료로 마실 수도 있다.

〈물고기〉에는 두 개의 바 테이블이 있다. 따로 떨어져 있는 바 테이블을 보면 정형화되지 않은 자유로운 형식미를 추구한 〈물고기〉의 인테리어 컨셉트를 느낄 수 있다.

카페의 안쪽에는 언제나 여러 악기들이 놓여 있다. 이 악기들은 장식품이 아닌 실제 연주를 위한 악기들. 〈물고기〉에서는 수시로 음악 공연이 열리고 있으며 주말에는 퓨전 재즈 음악가인 'Sam Lee'의 연주와 공연을 들을 수 있다. 현재는 정기적인 공연으로는 주말 공연만 있지만 앞으로는 더 많은 카페 공연을 할 계획이라고…

이렇게 음악 공연이 많은 관계로 〈물고기〉에는 많은 음악가 손님들이 찾아오고 때로는 저녁에 뜻하지 않은 즉석 공연이 펼쳐지기도 한다.

〈물고기〉의 전혀 매끄럽지 않고 깔끔하지 않은 인테리어는 전부 카페 주인장이 손수 만든 것들. 테이블 상판에서부터 창문틀까지 모두 직접 만든 것이라고... 자유로운 것을 좋아하는 사람들을 위해 자유로운 분위기로 꾸몄다고 한다.

메뉴

1 프렌치토스트(3,500원)와 아메리카노(4,000원). 카페를 찾았던 외국인 손님이 자신이 만든 외국인 커뮤니티에 호평을 했다는 프렌치토스트이다. 그래서 많은 외국인 손님들이 찾는 메뉴라고... 진한 아메리카노와 토스트의 부드럽고 달콤한 맛이 잘 어울린다. 아메리카노는 조금 진한 편이고 한 번의 리필이 가능하다. 다른 커피류는 1,000원 추가에 아메리카노로 리필해준다.

2 스팸 정식(7,000원). 평일 12시~4시 사이에는 따뜻한 밥에 간장과 버터를 비벼먹는 스팸 정식을 주문할 수 있다. 어릴 적에 먹던 맛을 생각해서 개발했다는 스팸 정식. 간편한 한 끼 식사로 청해 볼 만하다. 식사 후에는 후식도 나오는데 경제적인 메뉴라 할 수 있겠다.

3 〈물고기〉에서는 기네스 생맥주도 맛볼 수 있다. 330㎖ 작은 컵은 7,000원, 520㎖ 큰 컵은 9,000원. 주류로는 여러 병맥주와 스파클링 와인인 버니니(6,000원)도 있다.

찰칵 찰칵 DSLR 촬영 Tip

사진을 취미로 하고 있다면 결혼식이나 공연 등의 행사 사진을 부탁 받은 적이 한두 번은 있을 것이다. 그런 부탁을 받고나면 행사 사진도 별거 없겠다 싶은 생각에 흔쾌히 사진을 찍어주마 약속을 하지만 막상 행사장에 가면 무엇을 어떻게 찍어야 할지 막막해지는 순간을 경험하기도 한다. 행사 사진은 일상적인 사진과는 달리 진행 순서가 있고 놓치면 안 되는 순간도 있다. 무엇 보다도 기록성이 중요시 되는 목적이 있는 사진이기 때문에 훈련과 경험이 없는 사람에게는 어 렵기 마련이다. 이런 행사 사진의 몇 가지 Tip을 〈물고기〉의 음악 공연을 통해 밝혀본다.

50mm, 1/13s, F4.0, +1ev, ISO 800

우선, 행사 사진에서는 행사의 주인공이 잘 표현되어야 한다. 주인공이 우선시 되고, 주목 받고, 도드라지도록 사진을 찍어야 한다. 이러한 원칙은 너무나 당연하고 누구나 다 아는 사항이지만 행사 사진에서는 이러한 원칙을 지켜 사진을 찍는 일이 말처럼 쉬운 일만은 아니다. 카메라를 향해 일부러 포즈를 취해주지 않는 한, 이러한 모습, 순간을 담아내는 일은 오롯이 사진가의 몫 이기 때문이다. 그러므로 사진가는 행사 중에는 한시도 긴장을 늦출 수 없고 상황을 예측하고 기다릴 줄 알아야 한다. 그렇게 해서 한 순간을 잡는다 해도 모두가 좋은 사진이 되는 것은 아 니다.

위의 사진은 공연을 하는 가수들의 모습만을 선택적으로 잡아낸 컷이다. 주인공에 집중할 수 있 는 사진이지만 좋은 사진이라고는 할 수 없다. 이유는 인물의 얼굴이 제대로 나오지 않았기 때문이다. 어두운 실내 공연이어서 셔터 속도가 느리기 때문에 왼쪽의 베이스 연주자의 얼굴이 흐려졌다. 행사 사진에서 어느 정도의 셔터 스피드 확보는 중요한 사안이다. 셔터 속도를 확보하기 위해서는 감도를 높이거나 플래시를 사용할 수 있는데, 이는 행사의 성격과 상황에 따라 정해야 할 일이다. 어떤 공연에서는 플래시 사용을 금지하는 경우도 있기 때문이다. 베이스 연주자의 얼굴이 흐려진 것뿐만 아니라 가운데 여성 연주자의 얼굴도 마이크에 가려졌다. 행사 사진에서 가장 흔한 실수 중 하나가 마이크로 얼굴을 가리는 일이다. 피사체가 되는 인물이 자주 움직이거나 사진가가 위치 선정을 잘못했을 때 빈번히 발생하는 현상이다. 결혼식 주례 선생님이 가장 큰 피해자라고 할 수도 있겠다.

50mm, 1/13s, F4.0, -2/3ev, ISO 800

상황이 된다면 정면 모습 외에도 측면이나 뒷모습을 촬영하는 것도 좋다. 행사 사진은 기록의 의미가 강하기 때문에 다양한 각도와 앵글로 촬영하는 것이 좋은 사진을 찍을 수 있는 방법이다.

행사의 주인공과 어떤 행사임을 밝히는 홍보물을 한 프레임 안에 넣어 보자. 어떤 행사이든 행사를 홍보하는 포스터나 현수막 등이 있기 마련이다. 행사 사진에서는 이러한 홍보물의 사진도 중요한 역할을 하기 때문에 따로 촬영해 둘 필요가 있다. 행사장의 전경이 함께 나오도록 촬영하는 것도 좋은 방법이다.

50mm, 1/20s, F4.0, -2/3ev, ISO 800

50mm, 1/6s, F4.0, ISO 800

50mm, 1/10s, F4.0, -2/3ev, ISO 800

행사 사진에서 빠질 수 없는 것이 행사장의 분위기를 나타내는 컷이다. 무대의 주인공만 찍어댄다면 그 행사가 어떤 행사인지, 얼마나 많은 호응이 있었는지, 어떤 사람들이 참여했는지를 알 수 없게 된다. 따라서 행사 사진에서는 행사의 분위기를 표현할 수 있도록 참석한 손님들의 모습을 담은 사진이 꼭 필요하다. 손님들의 모습도 여러 가지가 있을 수 있는데, 진지하게 집중하는 모습도 좋지만 박수를 치거나 환호하는 모습은 필수라 하겠다.

50mm, 1/20s, F4.0, -2/3ev, ISO 800

50mm, 1/13s, F4.0, -2/3ev, ISO 800

행사 사진이라고 모두 정면이나 앞모습만을 찍어야 하는 것은 아니다. 때로는 뒷모습에서도 풍부한 표정과 감정이 드러나기도 한다. 행사장의 전체적인 모습을 멀리서 바라보는 형태로 촬영해도 좋고 집중하는 사람들의 모습을 담아보는 것도 좋다.

국민은행 · 홍대프라자 · 홍익어린이공 · 서교동주민센터 · 석진빌딩 · 컬트홀 · 예소극장 · 문예빌딩 · 금산빌딩 · 동부빌딩 · 동강빌딩 · 진흥하이츠원룸 · 중산빌딩 · 코너 · 다원빌딩 · 서원빌딩 · 청송빌딩 · 유창빌딩 · 서명빌딩 · 레인보우크 · 아벡누 · 교연빌딩 · 홍익빌딩 · 아트빌딩 · 405치킨 · 클럭와이즈 · 바우하우스 · 화목빌딩 · 코드 · 버닝하트 · 카페비 · 삼송빌딩 · 코미빌딩 · 키라키라 · GS빌딩 · 아일 · 창밖을봐 · 극동방송 · 사다리 · 더틸레 · 티케 · 스토브 · 재리 · 극동빌딩 · VW · 다락 · 물고기 · RJ포트 · 토끼의지혜 · 그 · 광명빌딩 · 테이블15 · 필라멘트 · 호호미몰 · 디모멘트 · 은하수다방 · 미즈모던 · 페어자에이 · 무양빌딩 · 앳홈 · 하루 · 영광빌딩 · 정명빌딩 · 사이역 · 18그램 · 우성빌딩 · 즐거운북카페 · 브라운센트 · 스쿠터앤샵 · 영빈빌딩 · 카페디 · 6호선 상수역 · 남정빌딩 · 엘림오피스텔

홍대입구 ② ③ ④

① ② ④ ③

20

뚜벅이 김기자의 카페이야기 세 번째 카페마당

BAU house

- **Open** 14:00 ~ 23:30(주말, 공휴일 : 12:30 ~ 23:00)
- **Tel** 02-334-5152
- **Home** bau.cyworld.com
- **Add** 서울시 마포구 서교동 405-13 3층

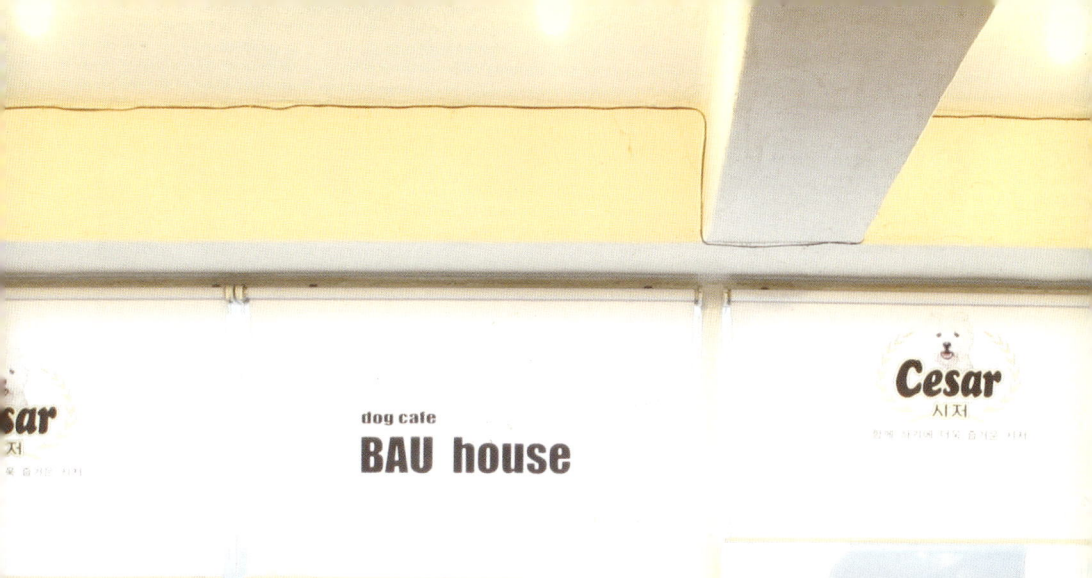

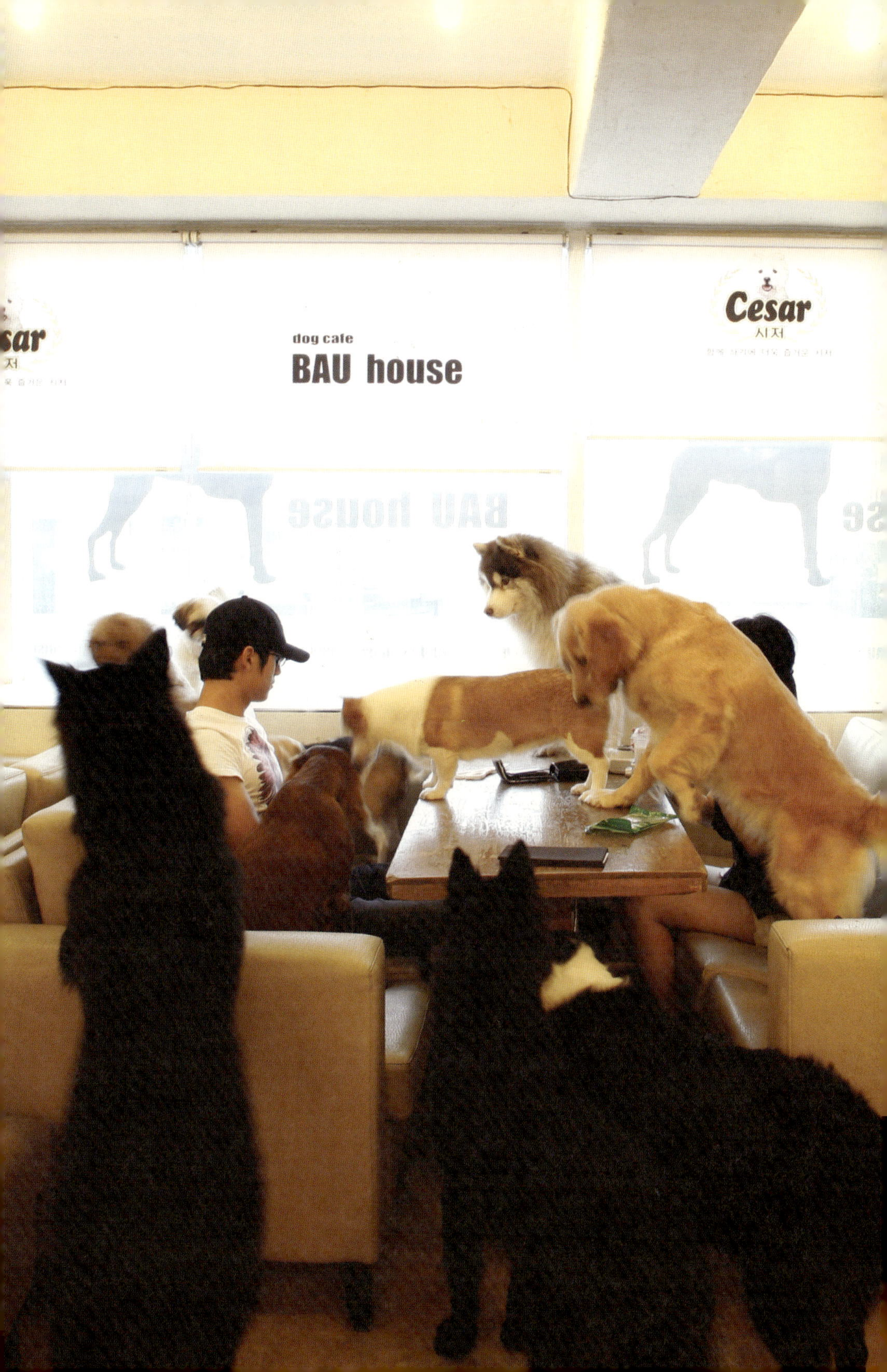
dog cafe
BAU house
Cesar
시저

 외관, 전경

홍대 앞 애견카페 〈바
우하우스〉는 예전부터
애견인들 사이에 유명
한 곳이다. 8년(2001년
에 생김)이나 되었으니
그동안 TV에도 자주
나오고 여러 매체와 매
스컴에도 소개되었다.

카페는 유명하지만 찾기 쉽거나 눈에 잘 보이는 곳에 있지는 않다. 그래서 초행인 사람은 〈바우하
우스〉를 찾지 못하고 헤매는 경우도 있는데, 그 이유는 카페가 빌딩 3층에 숨어(?) 있기 때문이다.
〈바우하우스〉를 쉽게 찾는 법은 일단 〈405키친〉을 찾는 것. 주소에서 알 수 있듯이 〈바우하우스〉
도 405번지. 〈405키친〉이 있는 건물 3층에 〈바우하우스〉가 있다.

〈바우하우스〉는 애견카페라는 특성 때문에 여느 카페와는 다른 특이한 구조로 되어 있다. 손님이
앉을 수 있는 테이블은 모두 벽의 가장자리를 따라 외곽으로 몰았고 홀 가운데는 강아지들이 놀
수 있도록 텅 비워두었다. 카페에 사람만 있다면 텅 빈 자리가 썰렁해 보이겠지만 크고 작은 강아
지들이 한 몫을 단단히 하고 있어서 〈바우하우스〉는 다른 카페보다 훨씬 부산하고 활기 차 보인
다. 강아지가 많으면 냄새나 털 등의 위생문제가 생기기 때문에 환기나 창문 등의 시설에도 별도
로 신경을 썼다고...

 **세부**

엘리베이터에서 내리면 손님을 맞는 강아지들의 우렁찬 환영의
소리를 들을 수 있다. 그렇다고 강아지들을 겁낼 필요는 없다.
〈바우하우스〉의 강아지들은 개의 탈을 쓴 순한 양과 같으니까.
현관에는 강아지들의 탈출을 막기 위한 이중문이 설치되어 있
다. 그래도 가끔은 반가운 척 달려들면서 탈출을 감행하는 녀석
들이 있으니 문을 열고 들어설 때 주의해야 한다.

〈바우하우스〉는 강아지 호텔도 운영하고 있다. 강아지 주인이 출장이나 여행을 가면서 강아지를 맡기면 〈바우하우스〉에서 돌봐주는 것이다. 호텔비는 강아지 크기에 따라 다른데 1박2일에 소형견은 10,000원 중형견은 15,000원 대형견은 20,000원을 받는다. 체크인과 체크아웃은 오후 2시부터 밤 10시 사이에 가능하다.

〈바우하우스〉에서는 다양한 애견용품과 간식도 판매하고 있다. 간식을 사서 〈바우하우스〉의 강아지들에게도 줄 수 있는데 포장을 뜯는 소리에 개떼(?)처럼 몰려드는 강아지들에 의해 놀람과 즐거움이 교차한다.

강아지들과 즐거운 시간을 보내고 돌아갈 때에는 카페 가운데에 마련된 테이프를 사용해서 옷에 묻은 털을 뗄 수 있다. 냄새 탈취제도 준비되어 있다.

〈바우하우스〉를 찾는 손님들은 주로 강아지를 키우는 애견인들. 평일에는 강아지 없이 오다가 주말에는 강아지를 데리고 온다고 한다. 손님 중에는 집에서 강아지를 키울 수 없는 아이들도 있는데 어떤 아이는 5살 때부터 단골이 되었다고... 차를 이용해서 강아지를 데려오는 손님을 위해 4~5대의 주차시설도 갖춰져 있다.

 메뉴

김치 볶음밥(9,000원)과 핫초코(6,000원). 강아지들과 놀다가 배가 고파지면 따뜻한 김치 볶음밥으로 허기를 달랠 수 있다. 후식으로 커피나 녹차가 제공되니 따로 음료를 주문할 필요도 없겠다.
〈바우하우스〉의 아메리카노와 헤이즐럿은 무한 리필이 가능하다고... 주류로는 병맥주가 있다.

찰칵 찰칵 DSLR 촬영 Tip

집에서 애완견을 키우는 사람이라면 누구나 한 번쯤은 강아지 사진을 찍어 보았을 것이다. 사랑스러운 대상을 사진 찍지 않을 수는 없는 일. 그러나 고분고분하지 않은 말썽꾸러기들을 사진에 담는 것은 여간 힘든 일이 아니다. 어떻게 하면 우리집 막내의 예쁜 모습을 멋진 사진으로 남길 수 있을까?

ⓒ 바우하우스

ⓒ 바우하우스

* 카메라 렌즈 바라보기

사진의 포인트는 단연 눈빛이다. 투명하게 빛나는 눈이 있어야 비로소 생명감 있는 사진이 된다. 따라서 눈에 초점을 맞추는 것은 너무나 당연한 얘기. 영롱한 눈망울과 시선을 맞출 수 있다면 더할 나위 없다. 이를 위해선 애견의 시선이 카메라 렌즈를 향해야 하는데 말처럼 쉬운 일만은 아니다. 강아지가 말귀를 알아듣는다지만 말로만 렌즈를 쳐다보게 만드는 것은 거의 불가능하다. 방법은 유인물. 강아지가 좋아하는 것을 보여주어서 시선을 유도해야 한다. 공이나 장난감 등, 한 손에 잡히는 것이면 무엇이든 좋다. 유인물이 카메라와 멀리 있으면 시선을 잡지 못하니 최대한 카메라 렌즈에 가까이 대서 강아지가 렌즈 쪽을 보도록 하는 것이다. 혼자서 사진을 찍는다면 한 손엔 카메라, 한 손엔 유인물을 들고 찍어야 한다. 그럴 경우에는 흔들림에 조심하자. 삽살개나 슈나우저같이 털이 눈을 가리는 견종은 잠시라도 눈이 보이도록 하는 것이 중요하다.

28mm, 1/15s, F4.0, ISO 400

38mm, 1/15s, F5.6, ISO 200

28mm, 1/20s, F5.6, ISO 200

* 안기거나 자거나

만약 강아지가 "앉아", "기다려" 같은 훈련이 되어 있지 않아서 혼자 있는 포즈를 취할 수 없다면, 방법은 두 가지이다. 하나는 억지로라도 안고 촬영하는 것. 고분고분해진 강아지와 얼굴을 부비며 찍은 사진 한 장은 서로 교감하는 모습으로 연출될 수 있다. 안는 것을 거부하는 강아지라면 잠들 때까지 기다려 보자. 가지런히 발을 모으고 동그랗게 몸을 구부린 모습이나 술 취한 사람처럼 팔다리를 대자로 뻗은 모습 등 잠자는 모양도 다양하고 재미있다.

© 바우하우스

* 놀란 표정

강아지를 놀래 주고 놀란 표정을 만들어보자. 그렇다고 강아지 뒤에서 갑자기 큰소리를 지르라는 것은 아니다. 강아지가 흥미를 느낄 수 있도록 휘파람을 불거나 '간식 먹자', '산책 가자' 등 애견이 좋아하는 말을 들려주면 귀를 쫑긋 세우고 눈을 크게 뜨거나 고개를 갸우뚱거리며 즉각적인 반응을 보일 것이다. 파인더를 들여다보며 한 마디를 건네며, 결정적인 순간을 잡을 수 있게 된다.

© 바우하우스

* 돌기

평범한 사진이 싫증난다면 돌아보자. 강아지를 품에 안고 셀카 자세를 취한다. 그리고는 제자리에서 빙빙 돌면서 사진을 찍는 것이다. 조금은 어지럽겠지만 흐르는 배경 속에서 나와 애견의 멋진 모습이 잡힐 것이다. 강아지만 출연시키고 싶다면 한 손으로 앞발을 잡고 돌려 보자. 패닝 효과가 절로 날 것이다. 그러나 과도한 회전은 강아지에게 어지럼증을 유발할 수 있으니 주의해야 한다.

© 바우하우스

* 얼큰이 사진

어안 렌즈가 있다면 일명 '얼큰이 사진'을 찍어보자. 어안렌즈는 초광각의 화각으로 가까운 피사체를 엄청나게 왜곡시켜 보여준다. 강아지의 코 가까이에서 어안렌즈로 사진을 찍으면 얼굴 큰 코주부에 다리는 극히 짧은 우스꽝스러운 강아지가 될 것이다. 덩치가 작은 소형견보다는 덩치 큰 대형견인 경우에 제대로 된 왜곡이 나온다.

© 바우하우스

© 바우하우스

© 바우하우스

* 소품을 이용한 분장

사람이 사용하는 액세서리를 이용해서 강아지
를 분장시켜 보자. 소품을 이용해서 강아지를
사람처럼 꾸며주면 표정이 살아나는 사진을 찍
을 수 있다. 선글라스, 머리띠, 모자, 두건 등
얼굴이나 머리에 씌울 수 있는 소품이 좋다.

21

푸벅이 김기자의 카페이야기 세 번째 카페마당

SADaRi 사다리

- ■■ **Open** 14:00 ~ 02:00
- ■■ **Tel** 02-322-9952
- ■■ **Add** 서울시 마포구 서교동 403-23

 외관, 전경

〈사다리〉는 가정집 공간을 터고 붙여 만든 카페이다. 넓게 트인 공간은 아니지만 두 개의 방과 주방이 있는 홀이 서로 열린 상태로 연결되어서 좁은 느낌이 들지 않는 공간 구성이다. 3개의 공간이 연결된 구조이다 보니 벽이 많은 편이지만 그러한 특성을 살려서 많은 벽면을 전시 공간으로 활용하고 있다. 갤러리 카페로 계획한 의도에 딱 맞는 공간이라는 주인장의 설명이다.

 세부

카페 주인장은 조각을 전공하고 금속공예 일을 했다고 한다. 작업실을 운영하면서도 전시를 개최하곤 했었는데, 그때부터 복합적인 문화공간을 생각했다고... 카페를 열기 전부터 전시가 주가 되는 공간을 계획했고 그에 맞게 카페를 꾸몄다. 벽면의 치장을 최대한 줄이고 조명도 전시조명을 설치했다. 전시는 한 달에 세 번 정도 열리는데 전시기간이 따로 정해져 있지는 않다고 한다.

전시공간의 확보를 위해 테이블도 이동이 편하도록 따로 주문 제작한 것이라고 한다.

책장 위에는 각종 전시 정보와 엽서 같은 홍보물 등이 있어서 최신의 전시 소식을 접할 수 있다.

데스크 앞에는 주인장이 만든 액세서리를 판매하고 있다. 지금은 많지는 않지만 북마크, 열쇠고리, 귀고리, 목걸이 등을 만들어서 판매한다고... 또한 전시중인 작가의 작품과 아트상품도 구입할 수 있다.

 메뉴

참치 샌드위치와 아메리카노 세트(9,000원). 샐러드와 음료가 곁들여 나오는 샌드위치를 세트 메뉴로 즐길 수 있다. 음료는 아메리카노(4,000원)나 우유 중에 선택. 〈사다리〉는 주인장 부부가 함께 운영하고 있으며 메뉴는 바리스타인 부인이 맡고 있다. 〈사다리〉에서 사용하는 커피는 국내 카페에서는 흔하지 않은 이탈리아 브랜드라고.. 크레마가 풍부한 것이 특징이다. 커피에는 쿠키가 서비스로 나오고 있다. 커피 리필은 1,000원 추가에 아메리카노로 가능하다.

주류로는 병맥주와 와인이 있고 하우스와인은 한 잔에 8,000원.

찰칵 찰칵 DSLR 촬영 Tip

〈사다리〉는 가정집을 개조한 곳이기에 여러 형태의 창이 있다. 창의 크기, 형태, 위치 등에 따라 창을 통해 들어오는 빛의 양과 질도 달라지는데, 〈사다리〉에서는 다양한 종류의 창을 통해 들어오는 여러 종류의 빛을 이용하여 사진 촬영을 해볼 수 있다.

28-70mm, 1/15s, F4.5, +2/3ev, ISO400

실외에서 직접 받는 태양빛은 세기가 강렬하고 피부의 주름과 잡티까지 밝히는 날카로운 빛이
라면 창을 통해 실내로 들어오는 빛은 강렬함과 날카로움이 많이 무뎌진 부드럽고 온화한 빛이
다. 간단한 비유로 얘기하자면, 스튜디오에서 사용하는 스트로보를 직접 발광하는 것과 소프트
박스를 끼우고 터뜨리는 것과의 차이와 같은 이치이다. 그래서 인물의 피부톤을 부드럽고 매끄
럽게 표현하고 싶다면 모델을 창가에 세우고 창을 통해 들어오는 빛을 이용해서 촬영할 것을 추
천한다. 짙은 암부와 명부의 차이를 만들어내는 창가 조명은 입체감 있는 인물사진을 만들어주
는 최고의 빛이 될 것이다.

28-70mm, 1/30s, F4.5, +2/3ev, ISO400

28-70mm, 1/160s, F4.5, +2/3ev, ISO400

빛이 들어오는 창가에서 촬영을 한다고 모든 사진이 밝고 따뜻한 이미지로 표현되는 것은 아니
다. 앞에서도 밝혔듯이 창을 통해 들어오는 빛은 짙은 암부와 명부의 차이를 만들어낸다. 창을
통해 들어오는 빛은 실내의 어두운 공간 속으로 침투한다. 이러한 빛의 방향성 때문에 창가 조
명은 밝은 명부와 어두운 암부의 차이를 크게 한다. 창가 조명의 원리를 파악하고 있다면 인물
의 배치를 어떻게 하느냐에 따라 다양한 사진을 만들 수도 있다.

왼쪽 사진은 큰 창가에서 빛이 들어오는 방향을 향해 모델을 세운 것이다. 창이 난 방향이 햇빛
을 정면으로 받는 쪽이 아니어서 창을 경계로 암부와 명부의 차이가 심하게 생겼다. 창가 가까
이에 세운 모델은 창으로 들어오는 빛을 받아서 반대편 어두운 쪽으로 흘려보내고 있으며, 빛은
얼굴과 몸의 윤곽을 따라 그림자를 만들면서 입체감 있는 사진을 만들어낸다. 오른쪽 사진은 빛
이 들어오는 방향으로 모델을 세워서 역광이 되도록 했다. 모델의 뒤쪽에서 들어오는 빛은 이번
에는 모델의 얼굴을 직접 비추지 않아 입체감 있는 그림자를 만들지는 않지만 얼굴 전체를 균등
한 밝기로 부드럽게 표현해주고 있다.

28-70mm, 1/40s, F4.5, ISO400

홀에 있는 창가에서 촬영한 사진은 전체적으로 어두운 분위기가 되도록 했다. 창으로 들어오는 빛의 세기가 최소가 되는 위치에서 촬영한 것인데, 인물만이 빛을 받아서 어둠속에서 발광하는 듯한 표현이 가능해졌다. 모델의 위치가 창가로부터 멀어질수록, 창의 크기가 작아질수록 빛의 세기가 약해져서 이러한 효과는 커지게 된다. 빛이 들어오는 창을 제외하고 인물만을 크롭하여 촬영하면 이러한 효과를 더욱 살릴 수 있다.

28-70mm, 1/250s, F4, ISO400

길가 쪽에 위치한 작은방의 창은 햇빛을 순광
으로 받는다. 때문에 〈사다리〉의 작은방에서는
모델을 창 옆에 배치하면 언제나 부드럽고 입
체감이 풍부한 사진을 얻을 수 있다. 운이 좋
으면 〈사다리〉에서 키우는 고양이가 멋진 모델
이 되어주기도 한다.

28-70mm, 1/100s, F4, +2/3ev, ISO400

28-70mm, 1/30s, F6.3, +2ev, ISO200

순광으로 빛을 받는 창은 좋은 역광의 소스가
되어주기도 한다. 카메라의 위치가 창을 정면
으로 마주하게 되면 네모난 틀을 갖춘 역광이
생기게 되는데, 이러한 역광은 인물의 실루엣
표현을 가능하게 해주고 독특한 암부 디테일로
분위기 있는 사진을 만들어준다. 창을 정면으
로 향하고 실루엣을 살릴 때에는 노출에 주의
해야 한다. 강한 빛을 정면으로 받게 되면 카
메라는 노출을 밝은 빛에 맞추게 되어서 전체
적으로 노출부족의 사진이 나오게 된다. 창밖
의 풍경은 노출이 맞아서 제대로 표현되지만
어두운 실내는 빛이 없는 깜깜한 공간이 되고
마는 것이다. 어두운 실내의 디테일과 인물의
실루엣을 살리기 위해서는 1~2스탑 이상의 노
출오버가 필요하다.

국민은행
서교동주민센터
홍대프라자
홍익어린이집
예소극장
석진빌딩
컬트홀
동부빌딩
문예빌딩
금산빌딩
코너
동강빌딩
진흥하이츠원룸
다원빌딩
중산빌딩
서원빌딩
유창빌딩
청송빌딩
② 홍대입구
서명빌딩
③
아벡누
교연빌딩
405치킨
홍익빌딩
아트빌딩
레인보우크
④
클럭와이즈
바우하우스
카페비
코드
화목빌딩
버닝하트
삼송빌딩
극동빌
GS빌딩
아일
코미빌딩
키라키라
스토브
티케
사다리
창밖을봐
더빌레
다라
재리
물고기
극동빌딩
VW
광명빌딩
테이블15
RJ포트
토끼의지혜
호호미욜
무양빌딩
디모멘트
은하수다방
필라멘트
미즈모던
페어자에이
영광빌딩
사이역
정명빌딩
앳홈
하루
18그램
영빈빌딩
우성빌딩
즐거운북카페
스쿠터앤샵
브라운센트
카페디
① ②
6호선 상수역
남정빌딩
엘림오피스텔
④ ③

22

뚜벅이 김기자의 카페이야기 세 번째 카페마당

scooternshop
스쿠터앤샵

- **Open** 10:00 ~ 22:00(토, 공휴일 12:00 ~ 20:00, 일요일은 휴일)
- **Tel** 02-6404-5333
- **Home** www.bikeing.net
- **Add** 서울시 마포구 합정동 412-1

 외관, 전경

주차장 골목이 끝나는 한적한 길에 깜찍하고 귀여운 스쿠터들이 떼로 몰려 있다. 스쿠터를 판매하는 숍인가 싶었더니 커피를 파는 카페라고... 털털털 소리를 내는 스쿠터를 멈추고 카페 안으로 들어가는 사람들의 모습이 자주 보인다.

〈스쿠터앤숍〉은 스쿠터 잡지인 「스쿠터앤스타일」에서 운영하는 카페이다. 카페 이름 그대로 이곳에서는 스쿠터와 바이크에 관련된 상품을 판매하고 있으며 한쪽에 작은 카페 공간을 갖추고 있다. 커피와 음식을 전문으로 하는 일반적인 카페라기보다는 카페와 숍의 복합공간이라고 할 수 있겠다.

바이크 타는 사람들을 위한 쉴 공간을 마련했다는 카페 관계자의 말대로 〈스쿠터앤숍〉을 찾는 손님들은 대부분이 라이더들. 카페는 라이더끼리의 교류, 용품의 판매, 잡지 홍보 등 여러 일들이 활발히 벌어지는 '만남의 장'의 역할을 톡톡히 하고 있다.

 세부

〈스쿠터앤숍〉은 카페와 숍의 역할을 동시에 하기 때문에 테이블과 좌석 수가 그리 많지는 않다. 카운터 앞의 큰 테이블은 주로 단골손님들의 지정석. 동호회나 카페 커뮤니티에서 알게 된 사람들이 호형, 호제하며 상주하다시피 한다. 정보를 듣고 일부러 카페를 찾아왔던 손님들도 단골이 되어 상주하게 되는 경우가 많다고... 카페에서는 가끔 영화 관람이나 파티 등의 행사가 열리기도 하는데 공간을 자유롭게 쓸 수 있도록 테이블을 적게 배치했다고 한다.

〈스쿠터앤샵〉에서는 다양한 바이크 용품을 판매하고
있다. 헬멧, 글로브, 재킷 등의 안전용품에서부터 예
쁜 액세서리까지. 바이크를 좋아하는 사람이라면 보
는 것만으로도 즐겁고 행복할 지경이다. 모든 제품은
착장하고 착용해 볼 수 있는데 헬멧이나 장갑을 끼고
사진을 찍는 사람들도 많다고 한다. 용품뿐만이 아니
라 바이크도 판매하고 있는데 이곳의 제품들은 모두
정식 수입품이라고... 인터넷 쇼핑몰인 bikeing.net에
서도 구매가 가능하다. 행사 제품은 쇼핑몰에 공지를
올리기도 한다.

카페에는 스쿠터 잡지인 「스쿠터앤스타일」이 비치되
어 있어서 각종 스쿠터와 바이크에 관한 정보를 얻을
수 있다.

메뉴

아메리카노(1,000원), 석류아이스티(2,000원), 핑크레몬에이드(2,000원).
〈스쿠터앤샵〉에서는 간단한 음료만을 판매하고 있다. 라이더를 위한 휴
식 공간이라는 컨셉트를 유지하다 보니 메뉴도 간단하고 부담 없게 준비
했다고... 저렴한 가격은 타의 추종을 불허할 정도인데 부담 없는 가격
때문에 점심때는 근처 직장인들이 테이크아웃을 많이 해간다. 가격이 싼
만큼 테이크아웃 가격도 동일.

가격도 저렴한데 쿠폰까지 있다. 음료 한 잔에 도장 하나. 도장 열 개를
모으면 한 잔이 무료이다. 바이크 용품을 구입해도 적립금이 쌓이는데
온라인 쇼핑몰에서 사용할 수 있다고...

찰칵 찰칵 DSLR 촬영 Tip

똑딱이 디카를 사용하는 사람들이 DSLR 카메라를 탐내는 가장 큰 이유는 바로 멋지게 흐려지는 배경. 똑딱이 디카로는 표현해낼 수 없는 옅은 피사계심도가 가능하기 때문이다. 그러나 아무리 좋은 SLR 카메라와 렌즈를 사용한다 해도 피사계심도를 활용할 줄 모른다면 나오는 결과물은 똑딱이 카메라와 다를 바가 없을 것이다. 배경을 멋지게 흐리는 방법, 즉 피사계심도를 옅게 하는 방법 세 가지를 알아보자.

28-70mm, 1/100s, F4.5, ISO200

* 조리개를 열자.

피사계심도를 결정하는 가장 큰 요소는 바로 조리개. 조리개가 열릴수록, 즉 조리개 수치가 작아질수록 피사계심도는 얕어진다. 피사계심도가 얕어진다는 의미는 초점이 맞는 범위가 줄어든

28-70mm, 1/100s, F4.5, ISO200

28-70mm, 1/100s, F4.5, ISO200

다는 것으로 조리개의 구경이 커질수록 또렷하던 사물의 형태가 흐려지고 초점이 맞는 간격이 줄어드는 것이다. 반대로 피사계심도가 깊다는 것은 초점이 맞는 범위가 넓다는 것으로 조리개가 조여질수록, 즉 조리개 수치가 커질수록 배경이 또렷해지고 넓은 영역에서 초점이 맞게 된다.

28-70mm, 1/100s, F4.5, ISO200

* 대상과의 거리를 가깝게.

카메라와 대상간의 거리가 가까울수록 피사계심도는 얕어진다. 똑같은 조리개 값으로 촬영을 해도 멀리 있는 대상보다 가까운 대상을 찍었을 때 배경이 흐려지고 형태가 뭉개지는 현상을 더 잘 살릴 수 있다. 촬영하고자 하는 대상이 렌즈에 표기된 거리계에서 무한대에 위치해 있다면 조리개를 최대 개방한다 해도 배경은 흐려지지 않는 것이다.

28-70mm, 1/100s, F4.5, ISO200

28-70mm, 1/100s, F4.5, ISO200

* 망원계열의 렌즈를 사용하자.

똑같은 조리개 값, 똑같은 거리일 때, 피사계심도는 망원계열의 렌즈에서 더욱 얕어진다. 또한 망원렌즈는 대상과 배경과의 거리감을 없애주어서 얕어진 피사계심도를 훨씬 효과적으로 과장해준다. 이러한 이유로 웨딩사진이나 졸업사진을 찍을 때 망원렌즈를 사용하는 것이다. 반대로 광각계열 렌즈로 갈수록 피사계심도는 깊어져서 아무리 조리개를 열고 대상과의 거리를 가깝게 해도 배경의 흐림 현상은 발생하지 않게 된다.

28-70mm, 1/100s, F4.5, ISO200

국민은행

홍대프라자

서교동주민센터

홍익어린이공원

예소극장

석진빌딩

컬트홀

동부빌딩

문예빌딩

금산빌딩

코너

동강빌딩

진흥하이츠원룸

중산빌딩

서원빌딩

다원빌딩

청송빌딩

유창빌딩

서명빌딩

아벡누

교연빌딩

405치킨

홍익빌딩

아트빌딩

레인보우크르

클럭와이즈

바우하우스

화목빌딩

카페비

코드

버닝하트

삼송빌딩

코미빌딩

GS빌딩

아일

극동방송국

사다리

창밖을봐

키라키라

티케

극동빌딩

더빌레

스토브

재리

물고기

VW

다락

RJ포트

그림

테이블15

토끼의지혜

페어자에이

무양빌딩

디모멘트

은하수다방

필라멘트

미즈모던

호호미용

영광빌딩

사이역

정명빌딩

앳홈

하루

영빈빌딩

우성빌딩

즐거운북카페

18그램

카페디

스쿠터앤샵

브라운센트

6호선 상수역

남정빌딩

엘림오피스텔

23

뚜벅이 김기자의 카페이야기 세 번째 카페마당

avec nous 아벡누

■■ **Open** 11:00 ~ 24:00(주말에는 새벽 1시까지)
■■ **Tel**   02-324-1118
■■ **Add**   서울시 마포구 서교동 395-134

외관, 전경

2007년, 타르트 전문 카페로 출발한 아벡누는 1년 남짓한 짧은 시간에 꽤 유명한 타르트 카페로 소문이 났다. 처음 카페를 시작한 곳은 〈물고기〉 건너편. 노출콘크리트에 빈티지 풍으로 꾸민 카페는 어둑한 조명과 빨간색 꽃 그림이 강렬한 인상을 주는 곳이었다. 2008년, 창이 넓은 곳으로 이사를 오면서 전과는 다르게 모던한 모습으로 대폭적인 이미지 변화를 감행했다고... 카페 안주인은 영화 '카모메 식당'을 보고 원목을 사용한 깔끔한 핀란드풍의 가정집 같은 인테리어를 시도했으나 공간이 너무 넓어서 제대로 꾸미지 못했다고 한다.

〈아벡누〉는 지상보다 1/2층 정도 더 높은 곳에 있어서 보통의 1층 카페와는 다른 부감의 전망을 보여준다. 카페로 들어서는 출입문도 특별한데, 간이로 세운 듯한 철제 계단이 〈아벡누〉로 들고나는 주출입문이다.

 세부

〈아벡누〉는 부부가 운영하는 카페. 유명 일간지의 프로그래머였던 남편과 유명 잡지사에서 일하던 아내가 유럽으로 유학을 다녀온 후 카페를 차리게 되었다고 한다. 인생을 즐길 줄 아는 부부가 선택한 카페 이름은 avec=함께, nous=우리, '우리 함께' 라는 뜻이 된다. '먹고, 마시고, 즐기고, 수다 떨고, 한가롭게' 라는 부제도 있다고..

남편은 주방에서 타르트를 굽고 아내는 카운터를 맡았다. 사이좋은 부부의 모습이 보기 좋았다는.. 유리 벽으로 분리된 주방은 안이 훤히 들여다보여서 타르트 만드는 과정을 직접 볼 수도 있다.

카페의 구석에 보이는 붉은 거베라 꽃그림은 이사 오기 전에는 〈아벡누〉를 상징하던 그림이라고... 새로운 인테리어에는 잘 어울리지 않아서 지금은 귀퉁이를 장식하고 있다. 카페가 이사한 후에 〈아벡누〉를 찾아 온 손님들이 완전히 바뀐 분위기에 어리둥절해 하다가도 꽃그림을 보고서는 제대로 찾아왔음을 확인하기도 한다고..

아이를 데려오는 가족 손님을 위해 〈아벡누〉의 여자화장실에는 유아용 변기를 따로 마련해 두었다. 작은 배려가 세심한 정성이 됨을 보여준다.

카페 전면의 넓은 창은 완전 개방이 가능한 구조여서 시원한 여름밤이나 선선한 가을에는 테라스처럼 트인 공간으로의 변신이 가능하다.

 메뉴

1 인기 좋은 포레누아(5,700원)와 바나나셰이크(6,000원). 독일의 검은 숲을 형상화한 포레누아는 〈아벡누〉의 인기 타르트. 걸쭉한 바나나셰이크와 함께 먹으면 단맛이 중화되어서 기분 좋은 달콤함을 느낄 수 있다.

2 〈아벡누〉의 타르트 가격은 5,200원~5,700원. 가격이 싼 편은 아니지만 어디서나 맛볼 수 있는 맛이 아니기에 충분한 가치가 있다고 한다. 타르트와 음료가 함께 나오는 세트 메뉴를 주문하면 좀 더 저렴한 가격에 맛을 볼 수 있는데, 타르트와 아메리카노가 나오는 A 세트는 8,000원, 티나 허브차가 나오는 B 세트는 10,000원, 하우스와인이 나오는 C 세트는 12,000원이다. 다양한 타르트 10조각을 담은 모듬 타르트는 57,000원. 타르트나 케이크는 포장 판매도 가능하다.

〈아벡누〉의 디너 메뉴로는 크로크무슈나 인디어커리 등이 있는데 달마다 새로운 메뉴로 교체하고 있다. 뜨거운 음료는 아메리카노로 리필이 가능하다고... 주류로는 병맥주와 30여종의 와인이 있고 부드러운 맛의 하우스와인은 7,000원이다.

찰칵 찰칵 촬영 Tip

카페 안의 멋진 그림이나 벽화를 촬영했을 때, 눈으로 봤던 것과는 전혀 다른 분위기의 사진이 나온다든가 사진이 실제보다 많이 못한 경우를 종종 경험했을 것이다. 분명 눈으로 보는 것과 카메라로 찍히는 것 사이에는 차이가 존재한다. 그러나 그 차이란 것이 실제로는 아주 미묘한 차이일 뿐, 대상과 사진이 완전히 딴판일 수는 없다. 촬영된 사진이 보는 것과 많이 다르다면 그 것은 카메라의 잘못이 아닌 사람의 잘못인 경우가 크다 하겠다. 특히 노출에 대한 이해부족이 전혀 다른 사진을 만들어내는 가장 큰 원인이라 할 수 있겠다.

28-70mm, 0.3s, F5.6, ISO400	28-70mm, 1/10s, F5.6, -1ev, ISO400

〈아벡누〉의 거베라 그림을 예로 들어보자. 그림이 그려진 벽은 화장실로 들어가는 좁은 통로에 있다. 조명도 작고 구석진 곳이라 전체적인 밝기가 어두운 곳이다. 그곳에서 보는 붉은색 꽃그림 은 정열적이고 강렬하다. 한마디로 핏빛처럼 진하고 어두운 붉은색이 선명하게 느껴진다. 어두 운 곳에 있는 짙은 색 배경의 그림을 카메라가 지시하는 노출값대로 촬영했다(왼쪽 사진). 그랬 더니 진하고 선명했던 빨간색은 온데간데없이 사라지고 밝고 화사한 다홍색이 나타났다. 전체적 인 밝기도 실제보다 밝아져서 배경의 디테일이 전부 표현되고 있다. 오른쪽 사진은 똑같은 상황

에서 노출보정을 −1stop 해준 것이다. 노출을 줄인 사진에서는 짙은 붉은색이 살아나고 전체적인 밝기도 실제 모습과 비슷해졌다.

카메라는 기계이고 도구이다. 당연히 빛을 측정하는 방법도 기계적이고 획일적이다. 쉽게 얘기하자면 카메라의 노출계는 빛의 세기를 평균적인 값으로 계산해서 나타낸다. 그레이카드의 회색을 회색으로 보이도록 되어 있는 노출계는 하얀색을 회색에 가까운 밝기로 끌어내리고 검정색을 회색에 가까운 밝기로 끌어올린다. 즉, 카메라의 노출계로 하얀색을 측정해서 촬영하면 하얗게 나오지 않고 검정색을 촬영하면 까맣게 나오지 않는 것이다. 때문에 하얀색을 하얗게 표현하려면 약간의 노출오버를 줘야 하고 검정색을 까맣게 표현하려면 약간의 노출언더를 줘야 한다. 주의할 점은 이러한 문제적인 상황은 프레임 중 일부분이 밝거나 어두울 때 생기는 것이 아니라 프레임의 70~80% 이상이 밝거나 어두울 때 발생한다는 것이다. 실례로 맑은 날의 백사장이나 스키장 같이 전체적으로 눈이 부시도록 밝은 곳에서는 노출보정을 오버로, 어두운 실내나 석탄공장처럼 전체적으로 어두운 곳에서는 노출보정을 언더로 해줘야 한다. 이러한 노출계의 노출측정방식을 이해하지 못하고 노출계의 지시대로만 사진을 찍는다면 실제와는 딴판인 사진을 종종 볼 수밖에 없는 것이다.

17mm, 1/250s, F4.5, ISO400

뚜벅이 김기자의 카페이야기 세 번째 카페마당

Aisle 아일

- ■■ **Open** 12:00 ~ 00:00(매월 첫째 월요일은 휴무)
- ■■ **Tel** 02-322-9392
- ■■ **Home** http://blog.naver.com/cafeaisle
- ■■ **Add** 서울시 마포구 서교동 404-15

외관, 전경

〈아일〉은 골목길 안쪽에 깊숙이 자리하고 있다. 거리에서는 보이지 않는 카페를 찾아가려면 집들 사이로 난 작은 길로 들어가야 한다. 작은 통로를 지나야 닿을 수 있는 카페 〈아일〉. 골목길 끝에 있는 카페에게 〈아일〉이라는 이름은 참으로 잘 어울린다.

골목길 안쪽에 카페가 있다고 대문처럼 생긴 간판이 좁은 길 입구를 지키고 섰다. 예사롭지 않은 간판에 호기심이 발동해서 골목길로 들어서면 오즈의 마법사에 나오는 것 같은 깔끔한 블록길이 예쁜 카페로 발길을 인도한다.

계단을 높힌 듯 차례로 꺾인 구조로 된 카페 내부는 붐비지 않고 널찍한 느낌이다. 홀 가운데에는 기다란 메인테이블이 놓여 있고 그 양 옆으로는 보통의 테이블이 놓인 공간이 있다. 전면의 유리문은 완전히 개방시킬 수 있어서 홀과 테라스를 열린 공간으로 이용할 수 있게 해준다.

 세부

〈아일〉은 여행을 테마로 한 카페라고 한다. 그래서 책장에는 다양한 여행 서적과 안내서들이 꽂혀 있고 카페 벽에는 여행자가 찍은 사진이 전시되어 있다. 카페 주인장은 새로운 세계를 접하는 듯한 느낌이 들도록 카페를 꾸몄다고 한다. 그러나 몇 권의 책과 몇 장의 사진이 여행이라는 테마를 제대로 살려준다고 하기에는 조금 무리가 있어 보이기도 한다. 여행이라는 테마는 손님들이 카페에서 시간을 보내는 동안 여행자처럼 무언가를 얻기도 하고 버리기도 했으면 하는 주인장의 바람을 얘기한 것이 아닌가 싶다.

카페의 분위기는 전체적으로 차분하고
조용하다. 메인테이블의 낮은 조도의 등
장식은 이러한 카페의 분위기를 잘 나타
내고 있다.

〈아일〉에는 옛집의 정취가 그대로 남아있기도 하다. 시원하게
뚫린 천장은 1968년에 지은 예전 집의 모습을 그대로 보존한 것
이라고...

사람들의 왕래가 많은 길가로 난 테라스에 앉기를 주저하는
사람이라면 〈아일〉의 테라스를 추천한다. 조용한 골목 안쪽
에 소박한 햇살을 받을 수 있는 〈아일〉의 테라스는 내성적인
성격의 사람들을 위한 맞춤 테라스 같다.

둥그런 계단을 따라 와인 병이 길게 줄을 선 곳은 〈아일〉의 룸 공간. 분위기 있는 조명과 가지각색의 와인 병이 향긋한 와인 한 잔의 유혹을 건넨다.

🍲 메뉴

1 아메리카노(4,000원). 〈아일〉의 아메리카노는 블렌딩한 커피를 핸드드립으로 내린다. 사실 〈아일〉은 음료보다는 음식을 위주로 한 카페여서 음료의 종류가 다양한 편은 아니다. 커피는 무료로 한 번 리필 받을 수 있으며 점심시간인 12시부터 2시까지는 식사 메뉴를 주문하면 1,000원에 커피를 마실 수 있다.

2 떡갈비 피타 브레드(7,500원). 피타 브레드는 주머니 모양으로 생긴 지중해 지역의 빵. 그 안에 떡갈비와 두부, 치즈를 넣어 만든 샌드위치이다. 빵은 주머니처럼 생겨서 잡기에도 편하고 빵속의 내용물은 부드러워서 먹기에도 편하다.

3 마늘향이 고소한 연어 크림 파스타(10,000원). 크림 파스타는 식사 메뉴 중 최고의 인기 상품으로 부드러운 크림과 향긋한 연어의 맛이 입맛을 살려준다. 〈아일〉의 음식은 카페 주인장이 여행을 다니면서 배운 요리들. 부담스럽지 않고 담백한 맛은 집에서 먹는 몸에 좋은 음식맛을 추구하는 것이라고... 그래서 〈아일〉의 음식에는 조미료를 쓰지 않는다고 한다. 또한 〈아일〉은 손님의 입맛과 취향에 따라 메뉴를 자주 교체하는 편으로 반년 남짓한 기간에도 메뉴판을 4번이나 바꿨다고 한다. 그래서인지 〈아일〉을 자주 찾는 손님 중에는 입맛이 까다로운 30대 싱글 여성이 많다고...

주류로는 병맥주와 칵테일 그리고 50여종의 와인이 있다. 와인 가격은 손님들 사이에서 비교적 저렴한 편이라는 이야기를 듣고 있으며 가장 잘 나가는 와인 안주로는 베이컨&치즈 그릴치킨(15,000원)이 있다. 영업시간은 밤 12시까지이지만 주방 마감은 10시에 한다고...

찰칵찰칵 DSLR 촬영 Tip

〈아일〉은 낮에 보는 모습도 예쁘지만 조명이 켜진 야경 또한 멋진 카페이다. 은은한 실내조명은 밖으로 번져 나오고 마당의 밝은 타일은 실외등과 간판 빛 그리고 실내의 조명까지 반사시켜 넓지 않은 마당을 황홀한 빛으로 둘러싼다. 빛의 하모니가 아름다운 〈아일〉에서 야간촬영을 해보자.

야경촬영에는 특별한 준비물이 필요하다. 해가 진 이후는 낮보다 빛의 양이 월등히 적기 때문에 빛을 보충해 줄 수 있는 장비가 필요하다. 필요한 장비 중에 가장 으뜸인 것은 바로 삼각대. 카메라를 안정적으로 지지해 주는 트라이포드는 빛이 부족한 경우 또는 긴 셔터 스피드를 사용할 때 필수이다. 그러나 삼각대를 항상 소지하고 다니기란 여간 어려운 일이 아니다. 덩치도 크고 무게도 무거운 삼각대는 가벼운 사진찍기를 방해하는 방해물처럼 생각되기가 일쑤이다. 그래서 삼각대 대신 플래시를 사용하기도 한다. 삼각대보다 작고 가볍고 사용하기도 편한 플래시. 그러나 플래시는 광량의 조절이라든가 거리 맞추기, 셔터의 속도 조절 등 먼저 배워야 할 것이 많은 까다로운 장비이기도 하다.

28-70mm, 1/6s, F5, -2/3ev, ISO400

〈아일〉로 들어오는 골목길 입구의 간판을 배경으로 촬영했다. 간판을 비추는 조명이 반사광으로 모델의 전면을 부드럽게 밝히는 주조명 역할을 하고, 모델 뒤의 입간판 조명은 백라이트 역할을 해서 인물을 부각시키는 효과를 내고 있다. 여러 조명이 섞인 상황인데 빛의 분위기를 담기 위해 삼각대만을 사용해서 촬영했고 빛의 양 또한 충분한 편이어서 삼각대 외에 플래시를 사용할 필요는 없었다. 야경의 느낌을 살리기 위해 노출보정을 약간 언더로 주었다.

28-70mm, 1/60s, F4.5, ISO400

플래시만을 사용한 사진이다. 인물은 잘 표현되어 있다. 그러나 플래시의 광량이 적은 관계로 주변부로 갈수록 어두워지고 있다. 또한 카페를 감싸는 은은한 조명이 플래시 빛에 의해 모두 사라져버려 처음 의도와는 달리 카페의 야경 분위기를 전혀 살리지 못하고 있다.

야경사진에서는 은은한 조명이 분위기 있는 사진을 만들어준다. 이러한 분위기를 살리기 위해서는 느린 셔터속도로 촬영해야 하는데 풍경사진에서는 조명에 노출을 맞춘 사진이 아무런 문제가 되지 않지만 인물이 포함된 사진에서는 이러한 노출 측정은 문제를 발생시키기도 한다. 배경이 되는 조명에 노출을 맞추면 인물이 어둡게 되고 인물에 노출을 맞추면 배경이 밝게 날아가는 문제가 생기는 것이다. 이러한 경우, 삼각대와 플래시를 동시에 사용하면 문제 해결이 가능하다.

28-70mm, 1.3s, F11, -2/3ev, ISO400

28-70mm, 1/8s, F8, ISO400

삼각대와 플래시를 함께 사용해서 촬영했다. 이렇게 삼각대와 플래시를 함께 사용하면 분위기와 노출이라는 두 마리의 토끼를 한꺼번에 잡을 수 있는데, 삼각대는 야경의 분위기를 플래시는 노출부족이라는 문제점을 해결해 준다. 삼각대에 거치한 카메라는 느린 셔터속도로 야경의 분위기를 살려준다. 인물에 닿는 빛이 부족하다면 플래시를 터뜨려서 적정노출을 만들어보자. 플래시는 느린 셔터속도로 발생하는 인물의 움직임 또한 고정시켜 주는 역할도 한다.

느린 셔터속도와 플래시의 조합은 흐르는 듯한 사진을 만들어주기도 한다. 삼각대 없이 플래시만 장착한 상태로 걸어가는 모델을 따라 패닝(panning)을 시도했다. 패닝에서 중요한 것은 초점. 모델과의 거리를 먼저 측정한 후 AF를 MF로 전환해서 초점을 고정하고 촬영했다. 조리개도 조금 조여서 피사계심도를 깊게 하는 것도 좋은 방법이다.

28-70mm, 1/8s, F8, ISO400

국민은행 ● 서교동주민센터 홍대프라자
예소극장 석진빌딩 홍익어린이공원
문예빌딩 금산빌딩 컬트홀
동부빌딩 ● 진흥하이츠원룸 중산빌딩
코너 동강빌딩 다원빌딩 청송빌딩
서원빌딩 유창빌딩
서명빌딩
2 아벡누 교연빌딩 405치킨 홍익빌딩 아트빌딩 레인보우크림
3 콜럭와이즈 바우하우스 화목빌딩 삼송빌딩
카페비 코드 버닝하트 극동방송
GS빌딩 아일 코미빌딩 창밖을봐 키라키라
사다리 스토브
티케 극동빌딩 더빌레 다락 그림
테이블15 물고기 VW
재리 토끼의지혜 호호미율
RJ포트 미즈모던
무양빌딩 디모멘트 은하수다방 필라멘트
페어자에이 영광빌딩 앳홈 하루
사이역 정명빌딩 18그램 영빈빌딩
우성빌딩 즐거운북카페 브라운센트
스쿠터앤샵 카페디
6호선 상수역 ①
남정빌딩 엘림오피스텔 ② ③

25

뚜벅이 김기자의 카페이야기 세 번째 카페마당

at Home 앳홈

■■ **Open** 11:00 ～ 01:00(주말, 휴일은 새벽 2시까지)
■■ **Tel** 02-337-7273
■■ **Home** www.cafeathome.co.kr
■■ **Add** 서울시 마포구 서교동 401-4

외관, 전경

카페는 조금은 특별한 공간이다. 예쁘게 꾸민 공간에 맛있는 차와 음식, 마음을 편하게 해주는 음악과 재미있는 책 그리고 멋진 그림들... 카페는 일상의 평범함에서 조금은 벗어난 곳이다. 그러나 카페가 특별하고 일상적이지 않다고 해서 부담을 주거나 낯설어서는 안 되는데 카페는 편안한 휴식을 주는 공간이어야 하기 때문이다. 특별하지만 편안한 곳. 조금은 아이러니하지만 어쩌겠는가, 카페란 원래 그런 곳인 걸.

〈앳홈〉은 특별함과 편안함을 두루 갖춘 카페이다. '집에서처럼 편안히' 라는 'at home' 의 의미대로 내 집 같은 편안함을 느낄 수 있도록 실내를 거실과 공부방, 침실 그리고 주방의 콘셉트로 꾸몄다. 인테리어의 아이디어는 카페 주인장이 직접 낸 것으로 홍대 앞에 있는 또 다른 나의 집이라는 느낌이 들도록 했다고... 각각의 공간에서는 집과 같은 아늑함과 익숙함을 느낄 수 있고 카페라는 전체의 공간에서는 색다르고 아기자기한 특별함을 느낄 수 있다.

 세부

넓은 창을 곁에 두고 소파와 테이블이 놓인 곳이 바로 거실. 거실의 분위기를 살리기 위해 키 작은 테이블과 안락한 소파를 배치했다.

거실의 맞은편은 책장이 놓인 공부방. 공부가 잘 될는지는 책을 펴봐야 알겠다.

공부방의 뒤편은 식탁이 놓인 주방이다. 예쁜 식탁보를 깐 식탁과 커다란 조명이 우리 집 주방에 온 듯하다.

이곳은 〈앳홈〉의 하이라이트인 침실. 침실도 보통 침실이 아닌 완전 공주 방이다. 길게 내려뜨린 레이스 커튼과 침대를 닮은 긴 벤치 그리고 작은 화 장대까지... 깜박하면 이곳이 카페라는 것도 잊고 깊은 단잠에 빠질 것만 같다.

〈앳홈〉을 눈여겨보게 된 계기는 바로 이곳에 편안한 자세로 눕거나 앉아서 시간을 보내던 한 무리 의 사람들을 본 일이었다. 길을 다니는 사람들은 상관하지 않고 아무런 거리낌 없이 편한 자세로 휴식을 취하던 사람. 마치 자기 집 거실 소파에 누워있는 듯 세상에서 가장 편한 모습으로 자신 만의 시간과 공간을 만끽하고 있었다. 정말로 부러운 모습이었다는... 카페 내부와는 분리된 실외 공간인 이곳은 차고를 개조한 곳. 밖으로 개방된 곳만의 특유의 느낌이 있다. 비오는 날이면 슬래 브 지붕에 떨어지는 빗소리가 예술이라고...

메뉴

1 마리아쥬 웨딩 임페리얼(6,500원). 캐러멜향이 가득한 부드러운 프랑스 홍차. 〈앳홈〉의 홍차는 카페 주인장이 외국에서 직접 사오는 것들로 국내에는 수입되지 않는 종류라고 한다. 커피와 홍차를 좋아하는 주인장은 홍차를 수집할 정도라고... 희귀한 홍차는 소량으로 판매도 할 예정이라고 한다.

2 캐러멜 마끼아또(6,000원).

3 벨기에 아이스크림 와플 풀사이즈(12,500원). 벨기에산 아이스크림과 생과일을 듬뿍 담은 와플은 살살 녹는 맛. 와플 위의 토핑은 모두 아이스크림처럼 보이지만 둘은 생크림이란 사실. 차가운 아이스크림과 따뜻한 와플 그리고 부드러운 크림의 적절한 조화가 입안에서 녹아드는 맛을 만들어낸다.

〈앳홈〉에서는 쿠폰에 도장 12번을 찍으면 음료 하나를 무료로 준다. 도장은 메뉴 하 나에 하나씩이지만 카페 주인장이 기분나면 한 번에 여러 개도 찍어준다고... 훤칠한 키만큼이나 성격도 시원하다. 참고로 카페 주인장은 저녁 7시 이후에 볼 수 있다.

커피류는 1,000원 추가에 리필이 가능하고 홍차는 무료이다. 주류로는 병맥주와 50여종의 와인이 있고 달콤한 독일 와인이 인기라고...

찰칵 찰칵 DSLR 촬영 Tip

일반적으로 비가 오는 날이면 카메라는 비와 습기를 피해 가방 깊숙한 곳에 숨어 잠을 자는 경우가 많다. 낮이건 밤이건 카메라를 메고 다니던 사람들이 비오는 날이면 모두 자취를 감춰버리니 어찌된 일인지... 어느 사진 교본을 보더라도 비오는 날에는 '사진 금지'라는 말은 없건만 말이다.

17mm, 1/40s, F4.5, +2/3ev, ISO200

비오는 날이면 거리의 아스팔트는 화려하게 변신을 한다. 거무튀튀하고 먼지 쌓인 모습이었던 아스팔트가 한껏 비에 젖고 나면 반짝반짝 보석처럼 빛을 발한다. 뿌옇고 푸석푸석하던 거리가 생동감 넘치고 촉촉한 모습으로 바뀌는 것이다. 이것은 공기 중의 먼지가 비에 씻겨 내렸기 때문이다. 미세한 먼지들이 공기 중에 떠다니면 먼지에 의해 빛이 산란된다. 빛이 수많은 먼지에 부딪혀서 난반사를 일으키는 것이다. 때문에 비가 오는 중이라든가 비가 그친 후에는 선명하고 쨍한, 선예도 좋은 사진을 얻을 수 있다. 물론 어느 정도의 빛이 있다는 조건에서 말이다. 영화 촬영장 같은 곳에서 촬영 전에 바닥에 물을 뿌리는 이유도 이와 같다. 촉촉이 젖은 거리에서는 색도 짙어지고 선명해진다.

17mm, 1/30s, F4.5, ISO200

28-70mm, 1/80s, F4, ISO200

먹구름이 낀 날이면 건물 외등은 더욱 환하고 선명하게 빛을 발한다. 세상에는 밝은 빛에 의해 볼 수 없는 것도 있고 어두운 빛에만 볼 수 있는 것들도 있다.

28-70mm, 1/20s, F5.6, +0.5ev, ISO400

비오는 거리를 표현하기 위해 우산을 쓰고 지나가는 행인을 한참이나 기다렸다. 맑은 날에 다니는 사람과 우산을 쓴 사람의 모습은 왜 그렇게 느낌이 다른지... 이러한 사진에서 주의할 점은 어디에 노출을 맞출 것인가 하는 문제이다. 어두운 실내에 있는 모델에게 초점을 맞추다보면 노출도 자동적으로 모델에게 맞춰진다. 그러면 인물은 밝게 나오겠지만 실내보다 밝은 거리는 하얗게 날아간다. 이럴 때는, 초점은 모델에 노출은 거리에 맞춰보자. 방법은 간단하다. 먼저 인물에 초점을 맞추고 AF LOCK 또는 매뉴얼 포커스로 전환한다. 그런 후 카메라를 돌려 프레임 안에 바깥 부분이 많이 들어오도록 구도를 정한다. 카메라의 노출계는 화면 안의 밝기 비율에 따라 노출을 조절한다. 화면 안에 밝은 부분이 많아지면 그 부분에 노출을 맞추기 위해 노출을 어둡게 잴 것이다. 단, 이러한 방법은 인물보다는 분위기를 살릴 때, 인물의 실루엣만 나와도 되는 경우에 가능하다. 인물의 전체적인 모습을 살리려면 스트로보나 반사판 같은 보조 광원이 필요하다.

뚜벅이 김기자의 카페이야기 세 번째 카페마당

즐거운
book cafe

- ■■ **Open** 12:00 ～ 24:00
- ■■ **Tel** 02-6081-4770
- ■■ **Home** blog.jinbo.net/jollybook
- ■■ **Add** 서울시 마포구 합정동 411-6 2층

 외관, 전경

〈즐거운 북 카페〉는 참 듣기 좋은 이름을 가졌다. 북 카페라는 카페의 특징도 잘 살려주고 있으며, '즐거운' 이라는 수식어가 카페의 이미지를 밝고 긍정적으로 만들어 주고 있다. 무엇보다도 카페에 가면 즐겁고 재미난 일이 생길 것 같은 부푼 기대감을 품게 해준다.

작은 건물 2층에 있는 카페는 그리 넓지 않은 크기이다. 건물 자체가 작고 아담해서 카페는 아늑하다는 느낌이 먼저 들어온다. 대신 창이 많고 넓은 테라스까지 있어서 좁다는 느낌은 들지 않는다.

 세부

〈즐거운 북 카페〉로 올라가는 좁은 계단은 마치 '천국의 계단' 같다. 하얗게 칠한 아치형 공간에 눈부신 햇살이 쏟아져 들어온다. 좁고 어둡고 가파른 다른 건물의 계단과는 비교가 되지 않는 예쁜 계단이고 통로이다. 이곳에서 사진을 찍으면 누구나 선남선녀가 된다고 감히 말할 수 있겠다. 환상적인 분위기의 인물사진을 얻을 수 있는 강추 장소이다.

그리 높지 않은 2층에 자리한 카페는 최고의 거리 풍경을 제공하고 있다. 창문 앞의 키 큰 가로수 사이로 보이는 한적한 거리는 제2의 가로수 길이라 불러도 손색이 없겠다. 합정역과 상수역 사이의 조용한 거리는 이제는 홍대 앞의 복잡하고 시끄러워진 거리와는 별개인 세상으로 느껴진다.

〈즐거운 북카페〉의 천장은 아무런 장식이나 꾸밈이 없는 날 베니어합판 그대로다. 공사를 하다가 만 것은 아니고 다락방 분위기를 내기 위해 일부러 다듬지 않은 모습으로 꾸민 것이라고...

카페 구석구석에는 다양한 책들이 놓여 있다. 선반 위와 테이블 아래는 말할 것도 없이 모든 자투리 공간에는 책이 가득하다. 책을 진열하기엔 공간이 부족해서 아예 쌓아놓았다. 북 카페에 어울리는 면모를 갖추기 위해 수많은 책을 구비한 카페 주인장은 어떤 책이든 기증은 환영이라고... 책 둘 곳이 없으면 어깨에 지고라도 있겠다는 비장한 각오를 보인다.

카페에는 소설책, 그림책, 아트북, 만화책 등 온갖 종류의 책들이 있으며, 매월 〈씨네21〉, 〈시사인〉, 〈W〉 등의 잡지도 정기구독하고 있다.

〈즐거운 북 카페〉의 테라스는 뻥 뚫린 하늘과 멋진 전망을 제공하는 최고의 장소이다. 흡연을 하려면 잠시 테라스로 나와서 담배를 펴도 좋다. 카페 내부는 책을 위해 금연.

메뉴

1 햄에그 베이글 샌드위치(5,500). 신선한 샐러드가 듬뿍 담겨 나오는 샌드위치는 음료에 비하면 가격도 저렴한 편. 음료와 함께 주문하면 1,000원 할인의 혜택도 받을 수 있다.

2 시원한 레몬에이드(6,500원). 레몬 한 개를 통째로 갈아 만든 시원한 레몬에이드는 달지 않은 새콤한 맛이 일품이다. 음료 중 여름의 최고 인기 메뉴는 레몬에이드, 겨울의 최고 인기 메뉴는 진한 핫초코(7,000원).

〈즐거운 북 카페〉는 명함에 10번의 쿠폰 도장을 찍으면 아무 음료나 한 잔이 무료. 커피 리필은 1,000원이 추가된다.

점심시간에는 근처 직장인을 위해 찬물에 내리는 더치커피(3,000원)를 20잔 한정으로 take out으로 특별 판매하고 있다.

3 주류로는 병맥주와 상그리아가 있다. 아이스박스에 보관한 시원한 상그리아는 〈즐거운 북 카페〉만의 특별 메뉴. 간단히 먹을 수 있는 마른안주는 1,000원에 판매하고 있다.

찰칵 찰칵 촬영 Tip

28-70mm, 1/100s, F4, ISO100	70-200mm, 1/50s, F4, ISO400

〈즐거운 북 카페〉의 책장과 선반 위에서는 해외의 유명한 캐릭터 인형들을 쉽게 찾아볼 수 있다. 곳곳의 작고 귀여운 소품과 인형들은 모두 해외 여행지에서 직접 구입한 것들이라고. 이렇게 예쁘고 희귀한 소품들은 카메라 렌즈를 끌어들이는 묘한 매력을 지니고 있다. 그래서 카메라를 들고 있다면 무심결에 작은 소품을 찍어 본 경험이 누구에게나 있을 것이다. 그렇다면 이왕 찍는 거 소품들을 좀 더 예쁘게 촬영하는 방법에 대해 연구해보자. 〈즐거운 북 카페〉의 소품들은 대부분이 영화나 애니메이션의 캐릭터들이다. 강한 개성과 스토리를 지닌 캐릭터들을 있는 그대로 촬영하면 무슨 재미가 있을까? 이러한 소품에는 그에 어울리는 분위기가 필요하다. 인물 촬영에도 모델의 성격이나 분위기를 살려주는 배경이 필요하듯이 소품 촬영에도 분위기를 만들어주는 배경이 필요하다.

미야자키 하야오의 애니메이션 〈이웃집 토토로〉에 나오는 토토로가 두 팔을 벌리고 높은 선반 위에 서 있다. 이 모습이 마치 두 팔을 펴고 하늘을 날 준비를 하는 듯 보여서 토토로의 시선이 향하는 방향에 많은 여백을 두고 날아오르려는 자세를 취한 모습처럼 만들었다. 천장의 조명은 빛나는 달빛 같은 효과를 내도록 일부러 토토로의 머리 뒤에 오도록 했다. 밝은 역광이 환상적이고 몽환적인 효과를 내도록 한 것이다. 영화 〈스파이더맨2〉에 나오는 닥터 옥토퍼스는 스산하고 삭막한 느낌이 나는 도시의 뒷골목 배경이 제격이다. 마침 인형이 놓인 선반 옆에 벌겋게 녹슨 철제 기둥이 있어서 한 프레임 안에 함께 보이게 했더니 고층 빌딩 숲에 선 듯한 모습이 되었다.

분위기 있는 배경을 만들기 위해서는 대상과 주변을 살필 줄 알아야 한다. 주가 되는 피사체를 꾸며줄 만한 주변 환경을 찾는 것은 구도나 앵글의 문제만은 아니다. 한 자리에서 구도와 앵글을 변화시키는 것은 좋은 사진을 찍을 수 있는 확률을 줄이는 일이다. 좋은 구도와 앵글은 다양한 방향의 시선으로 탐구했을 때 나오는 결과물이기 때문이다. 촬영할 대상을 두고 몸을 움직여 보자. '사진은 발로 찍는다' 는 말이 있는데 멀리로만 다니라는 말이 아니다. 한 자리에 머물지 말고 여러 방향에서 파인더를 확인하자. 이러한 자세는 소품 촬영뿐만 아니라 모든 촬영에 필요한 자세이다.

국민은행
서교동주민센터
홍대프라자
예소극장
홍익어린이공
컬트홀
동부빌딩
문예빌딩
석진빌딩
금산빌딩
코너
동강빌딩
진흥하이츠원룸
중산빌딩
서원빌딩
다원빌딩
청송빌딩
유창빌딩
서명빌딩
2
교연빌딩
홍익빌딩
아트빌딩
레인보우크
동대입구
3
아벡누
405치킨
4
클락와이즈
바우하우스
화목빌딩
코드
카페비
코미빌딩
버닝하트
삼송빌딩
GS빌딩
아일
키라키라
극동방송
창밖을봐
사다리
극동빌딩
스토브
티케
더빌레
다락
재리
물고기
VW
RJ포트
토끼의지혜
광명빌딩
호호미율
테이블15
은하수다방
필라멘트
무양빌딩
디모멘트
미즈모던
페어자에이
영광빌딩
앳홈
하루
정명빌딩
즐거운북카페
18그램
사이역
우성빌딩
영빈빌딩
브라운센트
스쿠터앤샵
카페디
1
2
6호선 상수역
남정빌딩
엘림오피스텔
3
4

27

창밖을 봐,

바람이 불고 있어

하루는 북쪽에서 하루는 서쪽에서

- **Open** 12:00 ~ 02:00(주말에는 새벽 4시까지)
- **Tel** 02-322-2356
- **Home** www.changbak.net
- **Add** 서울시 마포구 서교동 409-11

창 밖을 봐,
바람이 불고있어
하루는 북쪽에서
하루는 서쪽에서

 외관, 전경

많은 음식점과 주점, 클럽들 사이로 사람들이 붐비는 거리 뒤편에는 그와는 비교되는 한적하고 조용한 골목이 있다. 극동방송국과 주차장 길 사이의 골목에는 〈aA〉처럼 크기가 큰 카페들이 몇 곳 있는데, 〈창 밖을 봐…〉도 그 중한 곳에 속한다. 카페는 마당이 있는 2층집을 개조한 듯한데, 창을 넓히고 담을 없앤 외형이 처음부터 카페를 위해 지은 건물처럼 멋져 보인다. 옥상을 개조한 3층은 전체가 유리로 된 벽으로 둘러싸여서 안이면서 밖인 듯한 색다른 분위기를 연출하고 있다. 카페가 마음에 들어서 이름을 알아두려 할 때, 약간의 어려움이 있었다. 연두색 바탕의

기다란 간판에는 카페 이름은 적혀있지 않고 한 줄의 시와 같은 문구만이 적혀 있었기 때문이다. 나중에 안 사실이지만 〈창 밖을 봐, 바람이 불고 있어 하루는 북쪽에서 하루는 서쪽에서〉는 영화 〈베티 블루〉에 나오는 대사라고.. 아마도 우리나라 카페 이름 중에 가장 긴 이름이 아닌가 싶다.

카페 1층에는 다양한 공예품과 팬시상품들이 진열되어 있다. 이곳의 공예품들은 모두 카페 사장님이 해외여행을 다니면서 직접 구입한 것들이라고.. 〈창 밖을 봐,..〉는 사단법인 〈풀로 엮은 집〉에서 운영하는 카페로, 여행 마니아인 사장님은 카페 1층을 전 세계의 공예품 전시장으로 꾸며 놓았다. 아트샵 개념의 1층에서는 전시된 모든 공예품을 판매하고 있다.

〈창 밖을 봐,..〉의 메인 공간은 좌식으로 꾸민 2층이다. 신발을 벗고 들어가는 좌식 공간이지만 바닥이 평평하지 않고 각 부분마다 높낮이가 달라서 매우 입체적인 구조이다. 가운데는 움푹 들어간 낮은 공간으로 벽이 없이 넓게 트인 공간 속에서도 아늑함을 느낄 수 있게 되어 있고 창가의 넓은 자리는 부분적으로 높이를 다르게 해서 공간 전체를 계단 형태의 모습으로 보이게 했다.

 **세부**

1층 주방은 샵인샵의 형태로 전문 주방장이 따로 운영하고 있다. 그래서 〈창 밖을 봐…〉에는 휴일이 따로 없지만 주방이 쉬는 화요일은 식사를 주문할 수 없다고… 식사 외의 음료나 주류는 언제든 주문 가능하다. 1층에는 주방이 있어서인지 저녁 7시까지는 금연이다. 1층을 제외한 나머지 공간은 모두 흡연 가능.

화장실에 가고 싶다면 멋진 책장 그림을 찾아보자. 1층 데스크 옆의 벽화는 단순한 벽화가 아닌 화장실 문에 그린 그림. 그림은 카페 분위기와 잘 어울리는 듯하지만 화장실 문을 분간하기 어렵게 만들었다는 단점도 있다. 문 앞에 걸린 남여 인형이 힌트. 2층 화장실은 여성전용이다.

2층에는 웬만한 북카페만큼의 책이 있는데 이곳의 책들은 모두 개인이 소장했던 책들이라고… 카페 사장님이 소장했던 여행서와 아트북, 사장님과 친분 있는 작가분이 제공한 소설책과 인문서들은 특이한 공간구조를 완성하는 화룡점정의 역할을 하고 있다. 또한 넓은 테이블과 기댈 수 있는 벽은 책 읽기에 좋은 환경을 제공해서, 2층 곳곳에서는 편한 자세로 장시간 책을 읽는 손님들을 자주 볼 수 있다.

넓고 많은 창은 최고의 채광효과를 내어주고 있으며 계단식의 내부 구조에 층층이 생기는 그림자를 만들어서 독특한 공간미를 완성해준다. 밝은 창이 없었다면 높낮이가 다른 바닥은 복잡하고 어지럽게만 보였을 것이다. 바닥의 높이를 높였더니 천장이 낮아졌다. 낮은 천장은 편하고 아늑한 분위기를 만들어주고 있다고…

3층에도 훈훈한 자리가 준비되어 있습니다.

놀러오세요~~~

3층으로 올라가는 계단은 건물 밖에 따로 있다. 넓은 홀 모양의
3층은 주로 단체모임을 하거나 와인을 마시는 곳이라고… 야외
활동을 하기 좋은 계절이면 자리가 없을 정도로 인기가 좋다.

무성한 나뭇가지 아래에 자리한 야외공간은 테라스라기 보단
정원에 가깝다. 나무 기둥 아래에 가득 놓인 와인병을 보고 있
자니 달콤한 향내가 코앞에서 진동을 한다.

메뉴

1 양손을 든 마네키네코가 그려진 카페라떼(5,000원). 오
른손을 들고 있는 고양이는 돈을 부르고, 왼손을 들고 있
는 고양이는 손님을 부른다는 마네키네코, 양손을 다 들
고 있으면? 커피는 처음 한 잔까지는 아메리카노로 무료
리필되고 추가로는 1,000원의 리필료를 받는다.

2 단호박 샌드위치(7,000원). 단호박으로 속을 알차게 채
운 샌드위치는 한입에 베어 물기에 벅찰 정도로 크기가
크다. 커피와 세트로 주문하면 10,000원.

3 구운 마늘을 토핑한 함박스테이크(8,000원). 남녀노소
누구나 좋아하는 함박스테이크로 〈창 밖을 봐,..〉의 인기
메뉴이다. 최고의 건강식인 마늘이 새콤한 소스와 어울려
달면서도 신맛을 낸다. 한 끼 식사로도 좋고 와인 안주로
도 좋다. 점심 메뉴로 나오는 오후 12~3시까지는 커피와
함께 10,000원에 즐길 수 있고, 저녁 시간인 6시부터 9
시에는 단품 9,000원, 커피 세트 12,000원으로 가격 차
이가 있다.

주류로는 병맥주와 위스키, 와인이 있는데 와인이 주를 이룬다고… 200여종의 와인이 구비되어 있으며 2명의 소믈리에가 서
빙한다. 소믈리에로부터 와인을 추천받고 싶다면 저녁 7시 이후에 와인을 주문하자. 소믈리에의 출근시간은 7시.

〈창 밖을 봐,..〉의 쿠폰은 본사인 〈풀로 엮은 집〉의 회원에게 발행되고, 회원가입은 인터넷(www.puljib.com)이나 카페에 비치
된 책자를 통해 할 수 있다. 회원가입을 하면 6,000원에 해당되는 무료 쿠폰을 받을 수 있다.

찰칵 찰칵 DSLR 촬영 Tip

〈창 밖을 봐,..〉에서는 앉거나 누운 편한 자세로 책을 볼 수 있다. 다른 카페와는 느낌이 다른 편안함과 자유로움이 있어 보인다. 등을 기대고 다리를 쭉 편 상태로 책에 집중한 사람들의 모습에서는 아무런 긴장이나 조바심, 불편함 따위를 느낄 수 없다. 마치 내 집, 내 방에 있는 듯한 편한 모습이다. 편한 자세로 무언가에 집중한 사람은 본래의 분위기를 발산한다. 꾸미거나 의식하지 않은 몸짓, 표정이 드러나는 것이다. 이렇듯 긴장을 풀고 책에 집중한 인물의 자연스런 모습을 카메라에 담아보자. 방법은 간단하다. 책을 잡고 자세를 잡은 상태에서 1분만 기다리자. 카메라가 눈앞에 있더라도 1분의 기다림은 평소의 어색함이나 의식하는 몸짓을 충분히 없애줄 것이다. 인간은 망각의 동물이므로 1분의 시간이면 앞에 카메라가 있다는 사실을 까맣게 잊어버리는 것이다.

28-70mm, 1/13s, F5.6, +2/3ev, ISO200

28-70mm, 1/40s, F5.6, +1ev, ISO200

사방으로 창이 난 〈창 밖을 봐,..〉는 최고의 빛 조건을 갖추고 있다. 천장으로도 빛이 들어오니 사진 촬영에는 명당인 셈이다. 풍부한 빛이 있으니 촬영시 불편하거나 문제가 될 부분은 거의 없다. 다만 너무 풍부한 빛이 문제라면 문제. 두 개의 창이 연달아 있는 모서리 부분은 밝은 측광과 역광을 동시에 제공한다. 밝은 역광으로 인해 전체적인 노출측정이 언더로 될 것을 염려해서 +1 stop 노출보정을 해주었다. 부드럽고 따뜻한 창가 빛은 인물의 몸 전체를 감싸듯 비춤으로써 인물의 디테일을 잘 표현해준다. 그러나 주 광원이 측광과 역광이기 때문에 인물의 얼굴로 들어오는 빛의 양이 조금 부족하다. 그럴 땐 펼친 책이 큰 도움이 된다. 책의 밝은 종이가 하얀색 반사판 역할을 해주는 것이다.

28-70mm, 1/60s, F5.6, +1/3ev, ISO200

측광만이 있는 곳에서도 펼친 책은 훌륭한 반사판 역할을 한다. 책은 창가 반대편 얼굴에 생기는 짙은 그림자를 부드럽게 해줌으로써 딱딱한 콘트라스트를 줄여준다. 또한 눈동자에 밝은 캐치 라이트(catch light)를 만들어서 생기를 불어넣기도 한다.

국민은행
서교동주민센터
홍대프라자
예소극장
석진빌딩
홍익어린이공
동부빌딩
문예빌딩
금산빌딩
컬트홀
동강빌딩
진흥하이츠원룸
코너
서원빌딩
다원빌딩
중산빌딩
유창빌딩
청송빌딩
서명빌딩
아벡누
교연빌딩
405치킨
홍익빌딩
아트빌딩
레인보우크
클락와이즈
바우하우스
카페비
코드
화목빌딩
버닝하트
삼송빌딩
GS빌딩
아일
코미빌딩
사다리
창밖을봐
키라키라
극동빌딩
더빌레
스토브
VW
다락
극동방
티케
재리
물고기
토끼의지혜
호호미율
그
광명빌딩
테이블15
RJ포트
미즈모던
무양빌딩
디모멘트
은하수다방
필라멘트
페어자에이
영광빌딩
정명빌딩
앳홈
하루
18그램
사이역
우성빌딩
즐거운북카페
브라운센트
영빈빌딩
스쿠터앤샵
카페디
① ②
6호선 상수역
남정빌딩
엘림오피스텔
④ ③

② 홍대입구
③
④

28

cafe d 카페 디

- ▪▪ **Open**   11:00 ～ 23:00(월요일은 휴무)
- ▪▪ **Tel**   02-332-5931
- ▪▪ **Add**   서울시 마포구 상수동 146-19

 외관, 전경

〈카페 디〉는 홍대 앞 카페 중 가장 찾기 쉽고, 가장 찾아가기 편한 곳이다. 6호선 상수역 1번 출구로 나오면 바로 눈앞에 새빨간 카페가 보인다. 빨갛게 칠한 벽에 은빛 대문, 나무로 만든 난간과 계단. 너무나 눈에 띄는 카페는 놓칠래야 놓칠 수 없는 외관이다.

새빨간 벽을 따라 카페로 들어서서 본 안의 모습은 바깥의 튀는 느낌과는 전혀 다른 산뜻한 프로방스풍이다. 겉모습으로 예상한 안의 풍경은 어둡고 칙칙할 것 같았는데 예상과는 완전히 다른 모습에 조금은 의외라는 생각이 들 정도이다. 넓은 홀과 두 개의 방 그리고 실외의 테라스까지, 꽤 널찍한 공간도 밖에서는 예측할 수 없었던 부분이다. 이렇듯 〈카페 디〉에서 느끼는 낯설음은 무언가 좋은 것을 발견했을 때의 쾌감과도 닮았다.

 세부

〈카페 디〉의 'd'는 design, doll, DIY의 이니셜이다. 비즈 공예와 인형 수집을 하는 카페 주인장의 생활을 표현했다고 할까… 그래서 〈카페 디〉에서는 갖가지 디자인 제품과 인형을 볼 수 있다. 카페 주인장의 비즈 공예 솜씨는 수준급이어서 책을 내기도 했다고…

카페 한 쪽에는 빈티지 소품을 판매하는 자리가 따로 마련되어 있다. 이곳의 소품과 액세서리들은 주로 미국과 일본을 다니면서 구입한 것들. 비즈 거래를 위해 외국에 다니면서 마음에 드는 빈티지 물건들을 모았다고 한다.

2006년도에 처음 카페를 열었을 때는 현재 있는 건물의 1층도 카페였다고 한다. 1층은 레드, 2층은 화이트로 꾸몄었는데, 2008년 초 리뉴얼을 하면서 2층만 사용하게 되었다고… 사방이 새빨간 이 방은 옛 모습을 기억하는 손님들을 위해 예전 1층의 모습을 남겨 둔 곳이다.

〈카페 디〉의 또 다른 방은 카페 주인장의 은밀하면서도 소중한 보물창고이다. 4면의 장식장을 가득 채운 인형은 모두 블라이스(BLYTHE) 인형. 취미로 모은 인형이 이제는 박물관을 차려도 될 정도로 많이 모였다. 숫자만 많은 것이 아니라 희귀한 것, 특별한 것, 시리즈 등 모든 블라이스 인형이 모여 있다. 값보다도 애정이 담긴 인형들이 있는 방이라 일반에는 공개하지 않고 동호회 모임을 가질 때만 공개한다.

프로방스풍의 인테리어를 완성해주는 꽃은 지인이 만들어 주는 작품들. 〈카페 디〉에서는 일년 내내 아름다운 꽃꽂이 장식을 볼 수 있다.

나무 마루와 나무 펜스, 나무 기둥과 나무 벽 등 온통 나무로 된 테라스에는 주인장의 작업도구와 재료들이 널려 있어서 마치 작업실이나 창고에 온 듯한 분위기가 난다.

 ## 메뉴

1 한 모금 마시면 입가에 하얀 거품 테두리를 만드는 핫초코(5,500원). 〈카페 디〉의 컵받침은 모두 직접 만든 소품이다. 컵받침뿐만 아니라 쿠션도 모두 직접 만들었다고… 테이블에 금연 표시가 있는 곳만 금연. 다른 곳은 모두 흡연 가능. 금연 구역이 따로 있지 않은 대신 여러 대의 공기청정기를 두었다.

2 코코넛 메이플 토스트(4,500원)와 레몬에이드(5,500원). 살짝 구운 식빵 사이에는 달달한 시럽을 바르고 그 위에는 생크림을 얹었다. 단맛과 부드러운 식감을 좋아하는 이에게 추천. 새콤한 레몬에이드와 단맛의 조화가 썩 잘 어울린다.

3 햄치즈 토스트(4,500원)와 딸기쉐이크(6,000원). 바삭하게 구운 식빵 사이에 햄과 치즈를 넣었다. 단순한 재료만큼 담백한 맛이다. 생과일을 갈아 만든 걸쭉한 쉐이크는 빨대로 빨아 마시기가 힘들 정도. 생과일의 신선함을 진하게 느낄 수 있다.

4 녹차빙수(5,500원). 이제는 사계절 메뉴가 된 녹차빙수. 예쁜 일인용 잔에 나오는 빙수는 크기도 작고 양도 적당해서 여럿이 시켜야 하는 부담도 없고 혼자 먹기에도 좋다. 2인용 큰 그릇은 9,500원.

달마이어 브랜드를 사용하는 〈카페 디〉의 커피류는 1회 무료 리필이 가능하다. 단, 따뜻한 아메리카노로.. 주류로는 흑맥주인 leffe가 있다.

찰칵 찰칵 DSLR 촬영 Tip

〈카페 디〉의 강렬한 원색은 분위기를 전환시켜 주는 특색 있는 배경이 되어 준다. 일상적이지 않은 화려한 색은 사진에 독특한 임팩트를 부여해서 머릿속에 각인되는 이미지를 만들어준다. 개성 없는 무채색이나 옅은 색보다는 강하고 짙은 원색이 눈에도 더 잘 띄고 기억하기에도 쉽기 때문이다. 사진 찍기의 재미가 전과 같지 않다면 눈이 아프도록 밝고 강렬한 색을 찾아보자.

28-70mm, 1/200s, F5.6, ISO200

강한 색을 배경으로 삼을 때는 인물이 배경에 묻히는 것을 주의해야 한다. 배경의 강렬함에 시선을 빼앗기면 사진의 주인공이 뒤바뀌는 현상이 일어나기 때문이다. 인물에 힘을 싣기 위해서는 전체 화면에서 인물의 크기가 너무 작지 않게 하는 것이 중요하다. 적어도 화면의 3분의 1 정도는 인물이 차지할 수 있도록 화면을 구성하자. 대상의 크기가 클수록 화면 속에서 부각되는 힘도 커진다. 인물과 배경의 색 조합도 중요하다. 배경과 인물의 의상이 같은 계열의 색일 경우에는 강한 원색 배경의 효과가 반감된다. 보색도 좋고 색이 없는 흰색이나 검정도 좋다.

28-70mm, 1/250s, F5.6, ISO200

28-70mm, 1/160s, F5.6, ISO200

복잡하지 않은 단순한 형태와 강렬하고 두드러진 색상이 인물과 배경 모두를 살려준다. 단순함의 미학이랄까? 형태의 단순함뿐만 아니라 색의 단순함도 중요하다. 한 화면에 너무 많은 색, 어울리지 않는 색들이 난무한다면 우리의 눈은 어지러움을 느낄 것이다.

28-70mm, 1/125s, F5.6, ISO200

28-70mm, 1/60s, F5.6, ISO200

28-70mm, 1/200s, F5.6, ISO200

가끔은 뒷모습도 담아보자. 살짝 가려진 표정과 심플한 뒤태로 좀 더 단순화된 이미지를 만들 수 있을 것이다.

29

cafɛ B 카페 비

- **Opɛn**   12:00 ~ 24:00(금, 토는 새벽 2시까지)
- **Tɛl**   02-3142-9883
- **Homɛ**   blog.naver.com/cafebcafeb
- **Add**   서울시 마포구 서교동 395-79 B1

외관, 전경

〈카페 비〉를 찾기 위해서는 우선 〈BEANS MADE〉를 찾아
야 한다. 〈BEANS MADE〉는 원두를 볶아 파는 집. 향긋한
커피 볶는 냄새를 맡았다면 그 아래에 〈카페 비〉가 있다.
〈BEANS MADE〉와 〈카페 비〉는 형제처럼 위아래로 있어
서 하나의 카페 같아 보이지만 실제로는 따로 따로 운영되
는 곳. 자세히 보면 간판도 따로 있음을 알 수 있다. 그러나
커피와 관련된 두 곳이 완전히 별개는 아니라고… 운영은
따로 하지만 두 집의 주인장은 한 가족이다. 〈BEANS
MADE〉가 먼저 생기고 카페가 나중에 생겼다.

카페 이름의 B는 Bean과 Below의 이니셜. 지하에 있는 커피 파는 곳이란 뜻이다. 카페는 지하에
있지만 분위기만은 상큼하다. 알록달록한 귀여운 가구와 도넛 모양의 천장 조명 그리고 하얗게
칠한 벽과 깔끔한 스틸 마감은 심플하면서도 개성 있는 공간을 연출했다.

세부

〈카페 비〉는 핸드드립 전문 카페이다. 드립과 에스프레소의 비율은 대략 7
대 3 정도. 핸드드립이면서도 일정한 맛을 내는 비결은 가족에게 내오는
커피처럼 편안한 마음으로 커피를 내리기 때문이라고.. 또한 오랫동안 한
곳(바로 위 〈BENAS MADE〉)의 원두를 사용했기 때문에 커피의 특성을
잘 아는 것도 한결같은 맛을 유지하는 비결 중 하나.

〈카페 비〉의 특징이라 할 수 있는 것은 화려한 컬러. 가구와 조명, 소품들의 색이 실로 가지각색이다. 그 중 가장 화려한 색을 자랑하는 곳은 바로 주방. 원색의 머그컵과 차 주전자는 눈을 즐겁게 해주는 동시에 왕성한 식욕을 불러일으킨다.

카페로 내려오는 계단 벽을 투명한 유리로 해서 카페 입구는 한결 밝은 느낌이 들게 했다.

편한 자세로 책을 볼 수 있는 스틸 의자는 최고의 인기 자리. 오랜 시간 앉아 있어도 피로감이 적어서 주로 책을 읽으러 오는 손님들의 차지가 된다. 의자가 4개 밖에 없어서 늦게 오면 자리가 없다는…

〈카페 비〉의 천장 조명은 생김새가 독특하다. 천장에 도넛 모양의 홈을 파서 그 안에 조명을 넣은 일체형 인테리어이다. 둥그런 홈을 따라 여러 색의 빛을 내는 모양이 스필버그 영화에 나오는 우주선 같기도 하다.

메뉴

1 핸드드립 커피(5,000~6,000원). 스트레이트 핸드드립 커피 중 인기 메뉴는 과테말라와 케냐. 한국 사람의 입맛에 맞는 커피라고 한다. 케냐와 탄자니아는 6,000원 그 외는 5,000원이다. 〈카페 비〉의 자체 블렌딩 커피인 b1, b2, b3도 있다. 뒤로 갈수록 쓴맛이 강하다. 부드럽고 깔끔한 맛의 b1이 인기. 블렌딩 커피는 모두 4,500원.

2 찬 물에 내린 더치커피(6,000원).

3 쓴맛이 강하고 고소한 에스프레소(3,500원).

4 빵 속에 부드러운 버터와 달콤한 꿀을 숨긴 버터 바나나(5,500원). 달콤한 시럽과 바나나향이 가득한 토스트는 〈카페 비〉의 최고 인기 메뉴. 한 번쯤은 먹어봐야 할 메뉴이다.

커피 리필은 500원 추가에 아메리카노로 가능하지만 단골에게는 무료 서비스한다고… 주류로는 병맥주와 6종의 와인이 있고 하우스와인도 따로 있다.

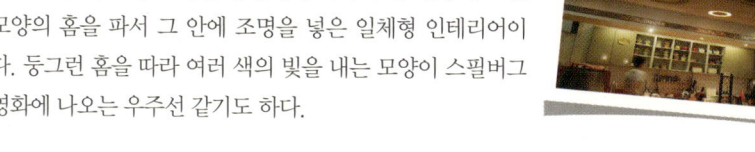

찰칵 찰칵 DSLR 촬영 Tip

사진 촬영의 정석은 알맞은 노출, 안정적인 구도, 정확한 초점이라 할 수 있다. 이러한 조건에 맞춰서 찍은 사진이 보기에도 좋고 눈에도 익숙한 이미지가 된다. 카메라는 사람의 눈을 닮은 장치이고 사람의 보는 방식을 따라 발전해 왔다. 따라서 제대로 찍은 사진은 눈으로 보는 것과 별반 다름없는 모습으로 보이게 된다. 이 말은 즉, 일반적인 촬영 방법이란 우리가 눈으로 보는 것과 똑같은 모습으로 재현되도록 촬영하는 것을 의미한다. 그러나 우리가 알아야 할 중요한 사항이 하나 있는데, 그것은 우리의 눈과 카메라가 서로 닮기는 했지만 둘 사이에는 구조적인 차이가 존재한다는 것이다. 카메라의 시선은 기계적인 시선이기 때문에 때로는 눈으로 보는 것과는 전혀 다른 느낌을 만들어내기도 한다. 이러한 차이는 정석이 아닌 변칙적인 사진 찍기를 가능하게 해주기도 한다. 사진 찍기에는 정석적인 방법이 있을 수 있지만 사진 자체에는 옳고 그름 또는 객관적인 가치 판정이 있을 수 없다. 정석적인 방법으로 촬영하지 않았다고 잘못된 사진이 되는 것은 아니란 뜻이다.

28-70mm, 1/40s, F4, ISO200

28-70mm, 0.3s, F4, ISO200

촬영 방법의 정석 중 하나인 정확한 초점 맞추기를 비틀어 보자. 일반적으로 주제를 부각시키고 강조하기 위해서 주제에 초점을 맞춘다. 인물 촬영에서는 인물에 초점을 맞추는 것이 당연한 일이다. 이러한 당연한 일을 뒤집어 보자. 초점면에서 인물을 제외시키고 배경에 초점을 맞추는 것이다. 이러한 보기는 사람의 눈으로는 연출하기 힘든 장면이다. 카메라의 눈이기에 가능한 보기이므로 상당히 독창적이고 특별하다고 할 수 있겠다. 단순한 바라보기가 아닌 카메라의 시선으로 바라보기를 해보는 것이다.

28-70mm, 1/6s, F4, ISO200

50mm, 1/25s, F2.8, ISO200

인물에서 초점을 거둔다 하더라도 인물이 너무 흐려지거나 형상이 심하게 뭉개지지 않도록 주의하자. 인물을 대상으로 한 사진이라면 적어도 인물의 분위기 정도는 표현되어야 무엇을 찍은 사진인지 알 수 있을 테니 말이다. 인물의 분위기를 살릴 때, 무엇보다 중요한 것은 카메라와 인물 사이의 거리이다. 초점면 이외의 것을 흘릴 수 있는 적당한 조리개 값(물론 조리개 수치는 낮게)이라면 인물을 적당한 거리에 위치시켜야 예쁘게 흐려진 상을 얻을 수 있다. 적당한 거리는 렌즈의 종류와 조리개 값에 따라 달라지는 것이니 좋은 이미지를 얻기 위해서는 위치를 달리해서 여러 번 찍어 보는 수밖에 없다.

28-70mm, 1/13s, F4, ISO400

28-70mm, 1/8s, F4, -2/3ev, ISO200

인물을 초점에서 제외하고 촬영할 때, 잊지 말아야 할 중요한 점이 하나 더 있다. 정확히 초점 맞는 부분이 어느 한 곳 있어야 한다는 것이다. 전체 프레임 안에서 초점 맞는 곳이 한 군데도 없다면 카메라의 시선으로 보기라는 처음의 의도를 제대로 표현할 수 없다. 일부러 초점이 맞지 않게 사진을 찍을 수도 있지만 잘못해서 초점 없이 찍힌 흐리멍텅한 사진을 두고 사진적인 시선이라고 하는 것은 조금은 억지스러울 것이다. 초점이 맞는 부분과 초점이 맞지 않는 부분이 명확히 구분되어야 처음의 의도를 제대로 살린 사진이 될 수 있을 것이기 때문이다.

국민은행
서교동주민센터
홍대프라자
홍익어린이공
예소극장
석진빌딩
콜트홀
동부빌딩
문예빌딩
금산빌딩
코너
동강빌딩
진흥하이츠원룸
중산빌딩
서원빌딩
다원빌딩
청송빌딩
유창빌딩
서명빌딩
아벡누
교연빌딩
405치킨
홍익빌딩
아트빌딩
레인보우크림
클럭와이즈
바우하우스
카페비
코드
화목빌딩
버닝하트
삼송빌딩
GS빌딩
아일
코미빌딩
극동방송
티케
사다리
창밖을봐
키라키라
재리
극동빌딩
더빌레
스토브
테이블15
RJ포트
물고기
VW
다락
광명빌딩
디모멘트
무양빌딩
은하수다방
필라멘트
토끼의지혜
호호미율
페어자에이
영광빌딩
정명빌딩
앳홈
하루
머즈모던
영빈빌딩
사이역
우성빌딩
즐거운북카페
브라운센트
18그램
카페디
스쿠터앤샵
6호선 상수역
남정빌딩
엘림오피스텔

30

뚜벅이 김기자의 카페이야기 세 번째 카페마당

CORNER 코너

■■ **Open**　08:00 ~ 23:00(주말에는 오전 11시부터)
■■ **Tel**　02-325-7039
■■ **Add**　서울시 마포구 서교동 395-152

외관, 전경

〈코너〉는 홍대 앞 카페들이 밀집한 지역
으로부터 상당히 외지고 먼 곳에 있다.
홍대 앞 지리를 잘 모르거나 많이 다녀
보지 않았다면 주택가 골목 끝자락에 자
리한 작은 카페를 찾기가 쉽지 않을 것이
다. 그러나 한 번 〈코너〉의 조용하고
한적한 맛을 알게 된다면 자꾸만 끌리는
발길을 되돌릴 수는 없을 것이다.

카페로 들어서는 길어 보이는 외부 공간에 비해 실내는 그리 넓은 편이 아니다. 4인용과 2인용 테
이블이 각각 두 개씩, 모두 4개의 테이블이 단출하게 놓여 있다. 인테리어도 특별한 것 없이 깔끔
하고 무난하다. 조금은 심심하고 개성 없어 보이지만 오히려 이러한 평범함이 부담감 없이 편안
한 시간을 보낼 수 있게 해준다.

출입문 통로의 왼쪽에는 테라스 공간이, 오른쪽에는 스터디룸이
있다.

🔍 세부

스터디룸은 〈코너〉의 가장 특징적인 공간. 카페로 들어가
는 통로 오른쪽에 세모난 모양의 구석진 공간을 스터디룸
으로 활용했다. 통으로 된 넓은 유리벽이 쇼윈도 같은 느낌
을 연출하고 있는데 좁은 공간을 멋지게 활용한 아이디어
가 돋보인다. 스터디룸은 한번에 8~10명 정도가 이용할 수
있다. 예약이 가능하고 무제한 사용할 수도 있다고… 공부
를 하는데 음악이 방해된다면 음악을 꺼주기도 한다. 그리
고 무엇보다 좋은 것은 인원
수대로 주문하지 않아도 된다
는 사실. 카페 주인장이 직접
한 말이니 믿어도 좋다.

나무 마루와 원목 테이블 그리
고 나무로 덧댄 벽이 편안한
느낌을 주는 〈코너〉의 테라스
는 실외에 있으면서도 건물 안
쪽에 있는 특이한 공간이다.

선반에는 특이한 모양의 머그컵이 가득. 선반 위의 하얀색 컵과
하얀 화분이 깔끔한 조화를 이루고 있다.

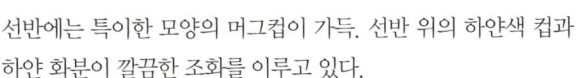

〈코너〉의 주인장이 기록한 카페 일지에는 카페에서 일어난 소소한 일들과 카페를 운영하면서 느낀 점들이 빼곡하게 적혀 있다. 카페를 찾는 손님과 공감할 수 있도록 마련한 일지를 보고 있자니 학창 시절에 넋두리를 적어 놓던 동아리방의 룸일지가 생각난다.

카페 앞을 장식(?)한 수납장은 카페 주인장이 직접 만든 작품. 간단한 가구는 직접 만들다 보니 솜씨가 늘었다고… 카페의 테이블과 수납장도 직접 만든 것들이다. 진열된 가구는 손님이 원하면 팔기도 하고 만들어주기도 한다.

메뉴

1 프렌치토스트(7,000원)와 아메리카노(3,500원). 보기에도 먹음직스러운 두툼한 빵에 달콤한 시럽을 발랐다. 곡물이 듬뿍 들어간 식빵은 퍽퍽하거나 껄끄럽지 않고 부드러우면서도 곡물의 씹히는 맛이 느껴진다. 카페를 차리기 위해 제빵학원에서 기술을 배운 주인장은 맛있는 빵이 어떤 것인지를 확실히 보여준다. 〈코너〉의 맛있는 빵은 다니던 제빵학원에서 공급받는다고… 따로 나오는 생크림에 찍어 먹으면 더욱 달콤한 맛을 느낄 수 있다.

2 카페 주인장은 쿠키를 배우다가 카페의 메인 메뉴로는 부족함을 느끼고 따로 샌드위치도 배웠다고 한다. 소스가 맛있는 샌드위치는 〈코너〉의 추천 메뉴. 샌드위치를 주문하면 커피나 음료 가격에서 1,500원을 할인해준다.

3 카페 주인장이 직접 만든 유기농 피클(가격 문의). 무와 빨간 양배추로 만든 피클이다. 식욕을 돋우는 붉은색은 양배추에서 나온 색. 750ml짜리 밀봉용기에 담아 판매하고 있다.

〈코너〉에서는 쿠폰에 도장을 8번 찍으면 음료 한 잔이 무료이다. 다른 카페에 비해 쿠폰 인심이 후한 편. 리필 인심도 좋아서 무제한 리필해준다. 한적한 곳에 위치한 카페만이 가질 수 있는 넉넉함이다.

찰칵 찰칵 DSLR 촬영 Tip

벽면에 부착되어 반대편 모습을 비추어 보이는 거울은 매력적인 피사체가 되어 준다. 거울이 있는 자리는 거울의 형태에 따라 네모난 창이 되기도 하고 뻥 뚫린 구멍이 되기도 한다. 빛을 반사시켜 실제와 같은 깨끗한 반영을 만들어내는 거울, 신비롭고 재미있는 대상이다.

28-70mm, 1/40s, F5.6, ISO400

28-70mm, 1/40s, F5.6, ISO400

스터디룸에 있는 고양이 모양의 거울을 촬영했다. 거울은 너무나 익숙한 대상이어서 우리의 눈에는 별반 새로울 것 없는 일상적인 물건이다. 가끔 이 거울처럼 디자인이 특별한 거울을 봐야 '예쁜 거울이 있네' 하고 인식할 정도다. 이런 예쁜 거울을 사진에 담고자 촬영해 본 경험이 있다면 의도대로 나오지 않은 사진에 실망한 적이 있을 것이다. 바로 초점이 맞지 않은 사진 말이다. AF 카메라, 특히 SLR 카메라로 거울을 찍다보면 가끔 초점이 맞지 않은 사진이 찍히기도 한다. 그 이유는 거울 안에는 초점거리(렌즈의 초점거리가 아닌 렌즈와 피사체의 거리)가 다른 두 개의 상이 있기 때문이다. 거울과 거울에 비친 상은 초점거리가 다르다. 거울까지의 초점거리가 실제 거리라면 거울에 비친 상은 거울과 사물이 떨어진 거리만큼 초점거리가 멀어지는 것이다. 거울 표면에 가상의 거리가 더 생기는 것이다.

왼쪽 사진은 고양이 모양의 거울 형태를 잡기 위해 거울의 표면, 즉 벽면에 초점을 맞추었다. 거울의 윤곽은 또렷해지고 거울 안에 반영된 상은 흐려졌다. 조리개를 조여서 피사계 심도를 깊게 하면 거울에 맺힌 상도 또렷해지지만 완전히 선명해지지는 않는다. 피사계 심도를 벗어나는 거리의 차이가 있기 때문이다. 오른쪽 사진은 거울에 맺힌 상에 초점을 맞춘 것이다. 거울 건너편의 선반은 또렷해졌지만 거울 자체의 모양은 흐려졌다. 마찬가지로, 피사계 심도를 깊게 하면 거울의 형태가 선명해지지만 완전히 초점이 맞지는 않는다. 거울과 거울에 반사된 상 모두를 선명하게 보이려면 조리개 수치를 최대로 해서 피사계 심도를 깊게 하고 거울 표면보다는 반사된 상에 초점을 맞추는 편이 낫다. 또한, 광각계열 렌즈로 먼 거리에서 촬영할수록 거울과 반사상 모두가 또렷한 사진을 얻을 수 있다.

국민은행
홍대프라자
홍익어린이
서교동주민센터
예소극장
석진빌딩
컬트홀
문예빌딩
동부빌딩
금산빌딩
코너
동강빌딩
진흥하이츠원룸
중산빌딩
서원빌딩
다원빌딩
청송빌딩
유창빌딩
서명빌딩
교연빌딩
아뻭누
레인보우ㅈ
홍익빌딩
아트빌딩
405치킨
클릭와이즈
바우하우스
화목빌딩
삼송빌딩
카페비
코드
버닝하트
코미빌딩
극동빌딩
GS빌딩
아일
키라키라
창밖을봐
사다리
더빌레
스토브
티케
극동빌딩
재리
VW
다락
물고기
광명빌딩
RJ포트
토끼의지혜
테이블15
호호미율
디모멘트
미즈모던
은하수다방
필라멘트
무양빌딩
정명빌딩
페어자에이
앳홈
하루
영광빌딩
사이역
18그램
우성빌딩
즐거운북카페
영빈빌딩
스쿠터앤샵
브라운센트
카페디
6호선 상수역
②
남정빌딩
엘림오피스텔
④
③

31

뚜벅이 김기자의 카페이야기 세 번째 카페마당

FILAMENT 필라멘트

- **Open** 11:00 ~ 02:00
- **Tel** 02-337-5812
- **Home** cafe.naver.com/noll1
- **Add** 서울시 마포구 서교동 401-3

외관, 전경

진한 커피와 달콤한 와플을 먹으면서 오랫동안 수다를 떨기도 하고, 해질녘이면 편안한 마음으로 향긋한 와인을 마실 수 있는 카페를 찾는다면 〈필라멘트〉가 제격이다. 〈필라멘트〉는 모던하고 심플한 인테리어가 어둑한 조명과 잘 어울리는 카페. 세련되고 시크한 실내공간은 홍대 앞의 여느 카페와는 달리 분위기 있는 고급 와인 바를 닮았다.

예쁜 강아지가 그려진 간판에는 커피와 와인이 메인. 〈필라멘트〉는 와인을 주력으로 하는 특색 있는 카페이다.

〈필라멘트〉가 1층에 있으면서도 어두운 이유는 건물 안쪽으로 깊숙이 들어와 있기 때문. 건물의 전면을 주차장으로 사용하고 있어서 그만큼 안쪽으로 들어왔다. 그래서 카페는 한낮부터 새벽까지 항상 똑같은 조도로 어두운 분위기를 유지한다.

 **세부**

노출 콘크리트의 심플함이 그대로 드러나는 벽과 바닥에는 공간만큼 심플한 타이포그래피로 카

페 이름이 적혀 있다. 깔끔한 공간에 어울리는 미니멀한 장식. 낙서처럼 새겨진 하나의 단어가 풍부한 여백과 어울려 공간의 세련미를 더해준다.

공간에 어울리는 예쁜 글씨는 카페 곳곳에서 찾아볼 수 있다. 맛있는 음식을 만드는 주방을 알려주기도 하고, 사진 찍기 좋은 장소를 콕 짚어 보여주기도 한다. 화장실이 어디인지 알려주는 친절함은 기본.

눈부시지 않은 밝기로 빛을 발하고 있는 커다란 백열전구. 그런 이유로 카페 이름이 〈필라멘트〉가 되지 않았나 싶기도 하다.

〈필라멘트〉의 상징인 빨간 강아지 옆에 있는 것들은 예쁜 디자인 상품들. 〈필라멘트〉에서는 여러 디자인 제품들과 차 선물 세트를 판매하고 있다.

〈필라멘트〉의 가장 큰 특징인 와인 저장고. 제대로 된 와인 맛을 유지하기 위해 와인만을 보관하는 장소를 따로 만들었다. 이곳의 온도는 와인 보관에 최적인 17~18℃. 24시간 에어컨을 가동시켜 서늘한 온도를 유지하고 있다. 프랑스, 이탈리아, 칠레, 스페인 등 다양한 종류의 와인 98가지를 준비한 〈필라멘트〉에서는 다른 와인 바나 카페보다도 저렴한 가격에 맛있는 와인을 맛볼 수 있다.

처음에는 차를 마시러 들렀다가 나중에는 와인 때문에 오는 손님들이 많다고 한다. 여러 부류의 손님들과 함께 오프닝 파티를 연 후로는 석 달에 한 번씩 파티를 열 계획이라고… 저렴함 참가비(30,000원)로 다양한 와인과 음식을 즐기면서 좋은 사람들을 사귈 수 있는 파티를 준비 중이다. 새로운 와인이 들어오면 시음회도 한다. 참가비는 5,000원 정도. 때로는 무료로 진행하기도 한다고…

 메뉴

1 모양과 향이 특이한 고급 허브차, 프리미엄 허브(7,000원). 〈필라멘트〉에서 사용하는 허브차는 차의 명품인 〈Tea forte〉. 잎사귀 모양의 꼭지가 달린 티백은 전용 받침대와 전용 잔에 담겨 서빙된다. 은은한 향을 느낄 수 있도록 넓게 디자인된 주둥이와 꼭지를 뺄 수 있도록 구멍 난 뚜껑이 차 마시는 재미를 더해준다.

2 아이스크림 와플(11,000원). 푸짐한 아이스크림과 생과일이 듬뿍 올라간 와플은 너무 달지 않아서 좋다. 큼직한 크기 때문에 아이스크림이 녹기 전에 먹는 것은 무리. 살짝 녹은 아이스크림에 쫄깃한 와플을 찍어 먹어도 좋다.

3 라씨(7,000원). 요구르트와 우유, 메이플 시럽 그리고 생과일을 갈아 만든 라씨 한 병은 식사 대용으로도 좋을 듯. 새콤달콤하고 걸쭉한 맛이 일품이다.

〈필라멘트〉에는 와인을 위한 안주도 다양하다. 안주도 되면서 배를 채울 수 있는 메뉴로는 삼겹살 구이, 궁중 떡볶이 등이 있으며 출출한 심야 시간대를 위한 라면도 있다. 커피 리필은 1,500원 추가에 아메리카노나 에스프레소로 가능하다.

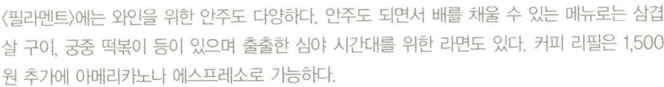

찰칵 찰칵 DSLR 촬영 Tip

카페에서 사진을 찍다보면 어두운 조명 때문에 애를 먹기도 한다. 은은한 조명은 멋진 분위기
를 만들어주지만 사진 찍기에는 턱없이 부족한 밝기가 되는 경우가 많다. 때문에 어두운 곳에
서는 부족한 빛을 보충하기 위해 플래시를 터트리거나 삼각대를 이용하기도 한다. 그러나 억지
로 채워 넣은 빛이나 무리하게 끌어올린 하이라이트는 전체 이미지를 망가뜨리는 수가 있다.
화이트밸런스를 깨는 강하고 튀는 플래시, 콘트라스트가 없는 뿌연 이미지 등은 어두운 곳에서
쉽게 범하는 대표적인 실수. 빛이 부족하다면 부족한대로 분위기를 살려보자. 때로는 부족한 빛
을 그대로 살린 어두운 사진이 색다른 분위기를 만들어주기도 한다.

28-70mm, 1/25s, F5.6 ISO200

noll corp.

_Studio

17mm, 1/15s, F5.6, +1ev, ISO400

인물사진에서 얼굴에 드리운 그림자는 최대의 결점 요소가 된다. 많은 사람들이 인물 촬영에서 실수하는 부분 중 하나가 얼굴에 생긴 그림자를 보지 못한다는 것. 부드러운 빛을 만들겠다고 나무 그림자 아래에 인물을 세우고 열심히 사진을 찍지만 나온 결과물은 그림자로 얼룩덜룩해진 얼굴이다. 얼굴에 생긴 그림자는 커다란 반점처럼 번져서 눈에 거슬리는 사진을 만드는 것이다. 눈과 파인더로 볼 때는 보이지 않던 그림자가 사진에서는 왜 그리 크게 보이는지… 이렇듯 밝은 빛 아래에서는 얼굴에 생긴 그림자가 부자연스럽고 거슬리는 요소가 되지만 어둑한 분위기에서는 그에 어울리는 효과를 만들어주기도 한다. 빛과 그림자의 조화가 어두운 조명 속에서 입체감을 만들기도 하고, 얼굴에 생긴 짙은 그림자가 통통한 볼살을 홀쭉하게 성형해 주기도 한다.

28-70mm, 1/10s, F5.6, ISO200

어두운 분위기의 사진은 실내조명으로만 가능한 것은 아니다. 빛이 들어오는 통로형 공간에서 빛을 등지고 사진을 찍어보자. 〈필라멘트〉로 들어오는 입구는 빛의 양이 줄어들면서 점점 어두워지는 공간. 일반적으로 이런 곳에서 촬영을 하게 되면 빛이 들어오는 방향을 향해 모델을 세우겠지만 이번에는 반대로 빛을 등지고 인물의 전면에 그림자가 생기도록 했다. 전체적인 배경은 적정한 노출로 알맞은 밝기지만 주가 되는 인물의 전면은 짙은 암부가 되어서 어둡고 쓸쓸한 분위기가 되었다. 좀 더 남다르고 의도가 담긴 사진을 만들고 싶다면 일반적이지 않은, 남들과 반대로 하는 행동이 필요하기도 하다.

28-70mm, 1/25s, F4.5, -1ev, ISO200

국민은행
서교동주민센터
홍대프라자
홍익어린이공원
예소극장
석진빌딩
컬트홀
동부빌딩
문예빌딩
금산빌딩
코너
동강빌딩
진흥하이츠원룸
다원빌딩
중산빌딩
서원빌딩
유창빌딩
청송빌딩
아벡누
교연빌딩
서명빌딩
405치킨
홍익빌딩
아트빌딩
레인보우크림
클릭와이즈
바우하우스
코드
화목빌딩
카페비
코미빌딩
버닝하트
삼송빌딩
GS빌딩
아일
창밖을봐
키라키라
티케
사다리
극동방송
재리
극동빌딩
더빌레
스토브
테이블15
물고기
VW
다락
RJ포트
그림
무양빌딩
디모멘트
은하수다방
토끼의지혜
호호미몰
페어자에이
필라멘트
미즈모던
영광빌딩
사이역
정명빌딩
앳홈
하루
우성빌딩
즐거운북카페
18그램
영빈빌딩
브라운센트
스쿠터앤샵
카페디
6호선 상수역
남정빌딩
엘림오피스텔

32

뚜벅이 김기자의 카페이야기 세 번째 카페마당

haru 하루

■■ **Open** 11:00 ~ 24:00
■■ **Tel** 070-7594-7516
■■ **Home** blog.naver.com/cafeharu
■■ **Add** 서울시 마포구 서교동 402-6

외관, 전경

〈하루〉는 숲 속에 있는 별장을 닮은 카페이다.
카페 앞의 커다란 단풍나무와 아기자기한 화분
들은 나무가 빼곡한 숲과 같은 이미지를 만들어
주고 그 너머로 보이는 색 바랜 유리 미닫이가
오래된 별장 같은 분위기를 자아낸다. 녹색을
전면에 배치한 〈하루〉는 자연스럽고 꾸미지 않
은 느낌이 물씬 풍겨져 나오는데, 이러한 분위
기를 내기 위해서 일부러 커다란 단풍나무를 화
단에 심었다고…

하나의 공간으로 된 카페는 아담하면서도 좁지 않은 느낌이다. 다양한 구성으로 된 테이블이 공
간을 더욱 넓어 보이게 하는데 아기자기한 구성이 공간의 활용도를 높였다.

 세부

꾸미지 않은 듯한 자연의 느낌은 카페 외부에 이어 내부로도 이
어진다. 결이 살아있는 커다란 원목 테이블과 나무로 만든 가구
들은 인위적이지 않은 자연스러움을 느끼게 해주는 아이템들.

〈하루〉는 '봄' 이라는 일본말 'はる'. 전체적인 카페의 분위기가 봄과 닮은 것 같지는 않지만 유리로 된 미닫이로부터 퍼져 나오는 햇살만큼은 봄의 그것과 많이 닮아 보인다.

〈하루〉에서는 직접 볶은 원두로 커피를 내린다. 일주일에 두 번 로스팅을 하기 때문에 언제나 신선한 커피 맛을 볼 수 있다고.. 두 명의 카페 주인장은 직접 커피도 볶고 드립도 한다.

볶은 커피는 따로 판매하기도 한다. 가격은 100g에 6,000원. 진공포장이 가능하고 원하면 커피를 갈아주기도 한다.

〈하루〉는 커피 전문 카페. 다양한 핸드드립 커피와 에스프레소 커피를 맛볼 수 있다. 커피를 전문으로 하다 보니 주류는 취급하지 않는다고…

메뉴

1 핸드드립 커피(5,000원)과 행복한 머핀(4,000원). 〈하루〉의 커피는 조금 특별하다. 한 잔의 핸드드립 커피를 시키면 두 잔의 커피가 나오기 때문이다. 작은 잔은 진하게 뽑은 스트롱, 큰 잔은 보통 진하기의 레귤러. 인기 있는 커피는 케냐로 진한 맛의 커피를 찾는 손님들이 많다고 한다. 드립 커피 두 잔의 행복을 맛보기 위해 일부러 찾아오는 손님들이 많은 편이다. 행복한 머핀은 초콜릿, 블루베리, 피인애플코코넛 등 세 종류가 있다.

2 유기농 허브티(6,000원). 〈하루〉에는 커피 외에도 카모마일, 루이보스 등 다양한 허브티도 있다.

〈하루〉에서는 쿠폰 10장에 음료 한 잔을 무료로 제공한다. 리필 서비스도 좋아서 드립 커피는 드립으로 다른 음료는 아메리카노로 무료 리필해준다.

찰칵 찰칵 DSLR 촬영 Tip

세로 프레임은 가로 프레임에 비해 조금은 덜 쓰이는 구도이다. 사람들은 가로가 긴 이미지에 익숙해져 있고 카메라를 잡는 법도 가로 위주이다. 그래서 사진을 찍을 때면 무의식적으로 가로 프레임의 구도를 먼저 잡게 된다. 일단은 가로로 된 이미지를 확인하고 그 후에 세로 이미지가 어울리는지를 확인하는데 이것도 어느 정도 카메라에 익숙해진 후에야 나오는 습관이다. 좋은 사진을 찍기 위해서는 다양한 구도로 볼 줄 아는 능력이 필요하고 이러한 능력은 많은 연습을 통해 이뤄진다. 때문에 일부러 세로 구도를 잡아보는 연습도 필요한 것이다. 〈하루〉에서는 세로 프레임을 연습해보자.

28-70mm, 1/40s, F5.6, ISO200

〈하루〉에는 세로 프레임에 어울리는 배경이 많다. 그 중 커튼 주름 같기도 하고 물결 모양 같기도 한 무늬 있는 벽을 배경으로 삼았다. 세로 줄무늬가 그려진 옷을 입으면 몸이 날씬해 보이는 것처럼 수직 방향으로 길게 내려오는 패턴과 세로 프레임이 인물을 더욱 길고 날씬해 보이게 한다. 덤으로 벽에 반사된 조명을 인물의 머리 뒤에 오게 배치해서 강한 역광으로 환상적인 분위기를 만들어보았다.

가로와 세로가 교차하는 격자무늬를 갖는 미닫이도 세로 프레임에 어울리는 배경이 된다. 잔잔한 창틀이 많은 〈하루〉의 미닫이처럼 가로나 세로무늬가 선명한 대상을 배경으로 삼는다면 카메라의 수직과 수평을 신경 써서 맞춰보자. 화면을 균일하게 분할하는 그리드 모양은 비뚤어지거나 틀어진 각도를 용납하지 않는다. 네모난 틀 안에 어긋나 보이는 선들은 보기가 무척 불편하기 때문이다. 카메라의 수직과 수평을 맞추기 위해서는 무엇보다도 필름면 또는 CCD면이 대상과 평행을 이뤄야 한다. 기울어진 수직과 수평은 이미지를 회전시켜서 똑바로 맞출 수 있지만 틀어진 각도로 생긴 거리감은 똑바로 맞출 수가 없다. 렌즈에 의해 생기는 왜곡도 수직과 수평의 선을 휘어보이게 만드니 이런 배경으로 사진을 찍는다면 되도록 표준 이상의 망원계열 렌즈를 사용하는 것이 좋겠다.

28-70mm, 1/40s, F5.6, +1ev, ISO200

28-70mm, 1/60s, F5.6, -1ev, ISO200

45mm, 1/40s, F5.6, ISO200

국민은행
홍대프라자
서교동주민센터
홍익어린이공원
예소극장
석진빌딩
컬트홀
인클라우드
동부빌딩
문예빌딩
금산빌딩
홍대체육관
동강빌딩
진흥하이츠원룸
텔레비전12
서원빌딩
다원빌딩
중산빌딩
레아
유창빌딩
청송빌딩
서명빌딩
아벡누
교연빌딩
홍익대부속초등학교
405치킨
홍익빌딩
아트빌딩
레인보우크림
클릭와이즈
바우하우스
코드
화목빌딩
카페비
코미빌딩
삼송빌딩
GS빌딩
아일
버닝하트
극동방송
키라키라
티케
사다리
창밖을봐
재리
물고기
극동빌딩
더빌레
스토브
RJ포트
VW
다락
그림책상상
은하수다방
필라멘트
토끼의지혜
아르꼬발레노
딩
앳홈
하루
미즈모던
호호미율
즐거운북카페
브라운센트
18그램
서궁빌딩
영빈빌딩
카페디
상수빌딩
6호선 상수역 ① ②
④ ③
엘림오피스텔

33

뚜벅이 김기자의 카페이야기 네 번째 카페마당

그림책상상

- ■■ **Open** 11:00 ~ 20:00(일요일, 공휴일 휴무)
- ■■ **Tel** 02-3143-3208
- ■■ **Home** www.imagination.kr
- ■■ **Add** 서울시 마포구 상수동 88-20

외관, 전경

홍대 정문 옆 돌담을 따라 난 좁은 길로 들어서서 한참을 걷다보면 골목길이 끝나는 곳에서 〈그림책상상〉이라는 예쁜 이름의 건물을 만나게 된다. 길을 따라 길게 늘어선 가정집들 사이로 빼곡히 얼굴을 내민 아담하고 세련된 건물. 좁다란 골목길에 어색하게 자리한 건물이 자꾸만 지나가는 사람들의 궁금증을 자아낸다.

세부

카페 〈그림책상상〉은 건물 1층에 자리하고 있다. 정확히 하자면 반쯤 올라간 1층. 계단을 올라 문을 열고 들어서면 바로 카페이다. 넓지 않은 카페는 대신 안으로 깊숙하다. 몇몇의 테이블을 지나 안으로 들어서면 안쪽 벽면을 가득 메운 책들을 볼 수 있는데 선반과 책장에 빼곡한 책들은 모두 그림책이다. 어릴 적에 많이 봤을 동화책들이 작가별, 나라별로 다양하게 전시되어 있다. 전시된 책들은 판매용이라 서가에서만 볼 수 있고 판매가격은 국내 책은 1만 원대, 수입 책은 2~3만 원대이다.

〈그림책상상〉은 그림책 관련 계간지를 발행하는 출판사이다. 2층이
사무실인데 2층으로 오르는 계단과 계단 홀에도 수많은 그림책들이
멋지게 장식되어 있다.

원래는 1층 공간을 서점으로 하려 했으나 그림책만으로는 책 분량이 적어서 책을 판매하는 카페
로 콘셉트를 바꿨다고 한다. 그래서인지 〈그림책상상〉은 차를 마시기 위한 카페라기 보단 서점
에 마련된 차 마시는 공간에 더 가깝다.

 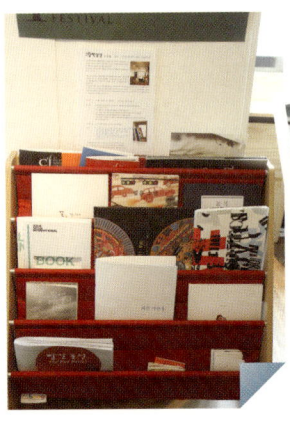 

〈그림책상상〉에서는 그림책에 관한 다양한 정보를 접할 수 있다. 각 단체별 홍보책자는 물론 일 러스트 작가들의 더미북도 볼 수 있다. 출입문 옆자리에 비치된 더미북은 일러스트 작가들이 직 접 만든 가제본 그림책. 작가들의 포트폴리오로 사무실을 자주 찾는 출판 관계자들에게 작가의 작업을 선보이기 위해 마련한 자리이다.

카페에서는 그림책 작가의 원화 전시도 하고 있다. 그래서 카페 내부는 별도의 조명 없이 전시조명으로 밝히고 있다. 전시는 두 달 간격으로 바뀐다고…

카페 한 컨에서는 귀여운 그림이 그려진 '구운 종이컵'도 판매 하고 있다. 종이컵 크기로 만든 머그컵이다.

 메뉴

카페라떼(3,500원), 아이스티(3,500원)

〈그림책상상〉의 메뉴는 음료 위주로 간단하다. 메뉴가 너무 단촐하지 않나 싶으면 서도 서점과 카페를 혼합한 공간에서 심플한 메뉴로 운영하는 것도 어울린다는 생 각이 든다. 메뉴는 심플해도 커피는 갓 볶은 커피만을 사용한다. 원두는 카페 근처 의 커피 볶는 집으로부터 제공받아서 신선하다고…

take out은 500원 할인, 샷 추가는 500원 추가. 저렴한 가격으로 리필은 되지 않 는다고…

찰칵 찰칵 DSLR 촬영 Tip

앵글의 변화는 사진에 시각적인 재미를 더해준다. 위에서 아래를 내려다보는 버즈 아이(Bird's eye) 즉 하이앵글이 전체를 조감하는 재미를 준다면 이와는 반대로 아래에서 위를 올려다보는 로우앵글 즉 벅스 아이(Bug's eye)는 주제를 부각시키거나 강조하는 기능을 한다. 그러나 로우앵글의 사진은 일반적인 눈높이의 사진이나 하이앵글의 사진보다 잘 보이지가 않는데, 그 이유는 로우앵글 촬영에는 약간의 어려움이 따르기 때문이다. 그건 바로 촬영 자세의 난이도. SLR이나 RF 카메라처럼 파인더에 눈을 대고 찍어야하는 카메라는 앉는 자세까지는 비교적 무난하지만 그보다 더 낮은 자세나 위치에서 촬영을 하려면 엎드리거나 누워서 촬영을 해야 한다. 사람이 많은 곳에서 이런 자세로 사진을 찍기는 참 어려운 일이다. 다행히 요즘 카메라에는 라이브 뷰나 회전하는 LCD 등의 기능이 있어서 다양한 앵글, 특히 로우앵글의 촬영이 쉬워졌다.

28-70mm, 1/20s, F8, ISO400

색이 다른 빛이 섞이면 사진이 지저분해지는 경우가 발생한다. 한 얼굴에 얼룩덜룩한 부분이 생기기 때문이다. 그렇다고 색이 들어간 빛이 무조건 나쁘다는 것은 아니다. 평소와는 다른 분위기를 만들고 싶다면 색이 들어간 빛을 이용해 보는 것도 좋은 방법이 된다. 붉은 빛이 도는 조명이 주조명이 되도록 인물을 조명 바로 아래에 배치했다.

로우앵글 중에 벅스 아이는 지면 가까이서 촬영하는 것을 말한다. 라이브뷰 기능을 이용해서 최대한 지면 가까이에 붙어서 촬영해보았다.

17mm, 1/25s, F3.5, ISO400

17mm, 1/30s, F3.5, ISO400

국민은행
홍대프라자
서교동주민센터
홍익어린이공원
예소극장
석진빌딩
컬트홀
☕ 인클라우드
동부빌딩
문예빌딩
금산빌딩
홍익대체육관
동강빌딩
진흥하이츠원룸
☕ 텔레비전12
서원빌딩
다원빌딩
중산빌딩
☕ 레아
유창빌딩
청송빌딩
서명빌딩
홍익대부속초등학교
아벡누
교연빌딩
홍익빌딩
아트빌딩
☕ 레인보우크림
405치킨
클릭와이즈 ☕ ☕ 바우하우스
코드
코미빌딩
화목빌딩
삼송빌딩
카페비
버닝하트
극동방송
GS빌딩 아일
키라키라
창밖을봐
스토브
사다리
더빌레
다락
☕ 그림책상상
물고기
극동빌딩
티케
VW
☕ 아르꼬발레노
재리
토끼의지혜
RJ포트
미즈모던
☕ 호호미율
은하수다방
필라멘트
서궁빌딩
앳홈
하루
18그램
딩
즐거운북카페
브라운센트
영빈빌딩
카페디
상수빌딩
엘림오피스텔

6호선 상수역 ① ② ③ ④

34

뚜벅이 김기자의 카페이야기 네 번째 카페마당

LE.A 레아

- ■■ **Open** 09:00 ~ 24:00
- ■■ **Tel** 02-326-3308
- ■■ **Home** www.le-a.com
- ■■ **Add** 서울시 마포구 서교동 360-13

🔭 외관, 전경

페인트 칠이 빛바랜 나무의자가 카페 앞 길가를 향해 나란히 놓여 있다. 담이 헐린 자리에 놓인 나무의자는 본래 색을 분간할 수 없을 만큼 빛이 바랬는데 세련되지 못한 그 모습이 정겨워 괜스레 가던 걸음을 멈추고 살짝 엉덩이를 붙여 보고 싶어진다. 카페 〈레아〉는 이렇듯 허름한 정겨움으로 사람들을 유혹한다.

〈레아〉는 오래된 2층 양옥집을 개조해 만든 카페이다. 집 앞을 막았던 담을 헐어 시원하게 전면을 드러냈고 작은 마당이었을 정겨운 터를 꾸며 유리지붕을 얹은 테라스로 만들었다. 〈레아〉에서 가장 눈에 띄는 공간이 바로 이 테라스. 건물 끝까지 깊숙한 테라스는 바깥에 있으면서도 유리지붕 덕에 실내와 같은 분위기를 내는 묘한 공간이다. 그래서 날 좋은 계절이면 테라스는 빈자리를 찾기 어렵다는...

〈레아〉에서 생산한 예쁜 노트!! 낙서를 할 수 있도록 샘플용 노트를 비치해 두었다.

책장으로 벽 한 면을 꾸민 복도를 지나면 넓게 트인 카페 내부가 나온다. 꾸미지 않은 벽과 높은 천장, 짙은 마룻바닥, 식탁 같은 테이블, 벽면마다 놓인 책장 그리고 한가운데 놓인 도서거치대까지... 이곳이 카페인지 도서관인지 헛갈린다. 여느 카페와는 다른 분위기인 이곳. 그래서 〈레아〉를 찾는 단골손님들은 카페를 오랫동안 머물면서 책보고 공부하는 곳으로 인식하고 있다고...

세부

넓은 창이 시원한 안쪽 공간은 정말로 도서관 분위기가 난다. 천장까지 이어진 책장은 두 벽면을 차지하고, 책장 안은 갖가지 책들로 빼곡하다. 그런데 책장의 책들을 자세히 보니 대부분이 만화책이거나 디자인 서적들. 카페에서는 머리 아픈 인문서를 읽기보다는 가벼운 만화책을 보는 것이 제격이라는 주인장의 설명이다. 그렇다고 이곳의 디자인 서적들까지 그 가치가 가벼운 것은 아니다. 책장에 꽂힌 디자인 서적들은 모두 전문적인 아트북. 디자인 관련 회사가 운영하는 카페이다 보니 디자인에 관해선 전문성을 갖췄다.

〈레아〉에서는 외국의 디자인 잡지도 볼 수 있다. 10여종의 잡지를 구입하는데 드는 비용만 매월 300만 원 정도라고..

〈레아〉는 디자인 노트 브랜드인 LE.A와 40days가 운영하는 카페이다. LE.A는 비발디 협주곡 "L'Estro Armonico(조화의 영감)"에서 유래되었다고. 카페 한쪽에는 LE.A와 40day에서 만든 노트와 다이어리가 장식되어 있는데 전시된 노트는 모두 판매하는 것이라고 한다.

최고급 수입지로 만든 노트는 국내에서 최초로 한정 수량으로 생산된 노트. 노트 가격은 34,000원, 다이어리는 38,000원.

카페에는 2대의 데스크탑과 3대의 랩탑 컴퓨터, 스캐너, 프린터 등의 장비가 구비되어 있다. 노트를 구입하고 회원이 되면 카페의 컴퓨터와 장비를 무료로 이용할 수 있는데 A4와 A3 크기의 프린트는 무제한으로 할 수 있다고 한다.

1층이 책을 보고 공부하는 곳이라면 2층은 음악을 듣거나 영화를 보면서 편히 쉬는 공간이다. 2층에 있는 작은 방은 멀티미디어룸으로 원하는 음악이나 DVD를 감상할 수 있고 PS3 게임도 할 수 있다. 단, DVD 감상은 회원전용.

2층에도 작은 테라스가 마련되어 있다. 흡연은 테라스에서만 가능. 실내에서는 금연이다.

 메뉴

1 오전 10시부터 오후 1시까지는 단돈 1,000원에 〈레아〉에서 제공하는 머핀과 빵을 무제한 먹을 수 있다. '1,000원의 만찬' 이란 이걸 두고 하는 말인가 보다. 그리고 이 시간대에는 모든 커피를 3,500원에 판매한다고 하니 꿩 먹고 알 먹는 기회를 잡아보자.

2 포레스트베리타르트(5,500원)와 카푸치노(5,700원), 피칸타르트(5,500원)와 카페모카(5,900원)

3 씹히는 맛이 고소한 감자튀김과 아삭한 피클을 곁들인 핫도그(5,000원)

4 〈레아〉는 회사에서 운영하는 문화공간의 성격을 띤 카페여서 손님과 회원을 위한 혜택이 참 많다. 커피류는 무한 리필이고 다양한 쿠폰제도 운영한다. 커피 10잔을 마시면 34,000원 하는 노트를 받을 수 있고 반대로 노트 한 권을 구입하면 커피 4잔이 무료이거나 와인 한 병이 무료이다.

찰칵 찰칵 DSLR 촬영 Tip

짙은 갈색 나무벽과 그 벽을 따라 흘러내린 담쟁이 넝쿨 그리고 커다란 나무 화분이 곳곳에 놓인 〈레아〉의 테라스는 마치 숲속 공간을 옮겨 놓은 듯하다. 도심 속에서 만나는 푸른 숲. 찬바람이 부는 계절에도 〈레아〉의 숲에는 항상 녹색 기운이 가득하다.

28-70mm 1/100s, F5.6, ISO200

사람의 눈을 가장 편하게 해주는 색은? 두말할 것 없이 녹색. 〈레아〉의 테라스에서는 언제나 싱싱한 녹색을 만날 수 있다. 녹색은 사람의 피부색과도 잘 어울린다. 상큼한 나뭇잎 사이에서는 울긋불긋한 사춘기 소녀의 얼굴도 칙칙한 중년 아저씨의 표정도 생기 있고 밝아 보인다. 인물을 클린하게 표현해주는 그린 속에서 사진을 찍어보자.

인물을 녹색의 나뭇잎 사이에 오도록 배치했다. 테라스 뒤쪽의 지붕이 없는 공간에서 촬영을 했는데 마침 해가 모델의 머리 뒤쪽에 위치해서 약간의 후광 효과를 낼 수 있었다. 모델의 머리와 어깨 위로 떨어지는 밝은 빛이 나뭇잎의 녹색과 모델의 얼굴을 더욱 투명하게 표현해 준다.

자리를 옮겨 테라스 안쪽에서 촬영을 했다. 지붕이 유리로 된 공간이기 때문에 머리 위의 강한 햇빛도 부드러운 확산광이 되었다. 유리지붕에 먼지가 많을수록 더 부드러운 확산광을 얻을 수 있다는...

28-70mm 1/100s, F5.6, ISO200

〈레아〉의 출입문 공간은 말 그대로 꾸미지 않은 자연미가 있는 곳. 벽돌 틈 사이로 자란 들풀을 주제로 삼았다. 깨끗하게 정돈된 풀들만 있다면 숲 속 같은 느낌이 들지 않을 것 아닌가. 가끔은 인물의 뒷모습을 찍어보자. 사람의 앞모습은 변할 수 있어도 뒷모습은 변하지 않는다고 하지 않던가. 들풀이 웃자란 공간을 주제로 삼았더니 인물의 뒷모습에 더 많은 표정이 생겼다.

28-70mm 1/250s, F5.6, ISO200

35

뚜벅이 김기자의 카페이야기 네 번째 카페마당

Rainbow
Cream 레인보우크림

- ■■ **Open** 12:00 ~ 24:00(일요일은 오후 2시부터)
- ■■ **Tel** 02-323-4007
- ■■ **Add** 서울시 마포구 서교동 360-22

 외관, 전경

〈레인보우크림〉은 참 귀여운 카페다. 건물 외벽의 오톨도톨한 타일과 포인트가 되는 정사각형의 빨간 간판은 심플하면서도 앙증맞은 인상을 준다. 별거 꾸민 것 없는 카페가 어쩜 저리도 눈에 띌까?

〈레인보우크림〉은 홍대 앞에 여러 카페들이 즐비하게 생기기 이전부터 뒷골목에 예쁘게 자리 잡고 있다. 2006년 봄, 카페를 오픈한 후부터 지금까지 변함없는 모습으로 자리를 지켜오고 있는 〈레인보우크림〉. 처음부터 심플하고 수수한 디자인으로 자리를 지키고 있어서인지 오가며 보는 그 모습이 질리거나 식상하지 않다.

세부

카페 전면의 윈도우는 90°로 회전해서 완전 개방된다. 냉난방이 필요 없는 계절이 되면 막힘없이 전면을 오픈시킬 수 있다고..

외벽 장식과 같은 타일 소재로 만든 데스크. 알록달록하고 아기자기한 소품들을 올려서 카페의 전체적인 분위기를 귀엽게 연출하고 있다.

데스크 건너편의 불투명한 유리벽에는 카페 마스터가 찍은 사진들이 빨래줄에 널리듯 걸려있다. 햇빛에 비쳐 환해 보이는 사진이 마치 슬라이드 필름을 보는 듯하다. 디자인을 전공한 주인장의 사진들은 수준급. 디자인 일도 하면서 카페를 운영하고 있다.

카페 안쪽에 걸린 그림들은 일본의 유명 작가인 아이 야마구치의 작품들. 한 세트로 구입한 작품에 대한 주인장의 애정이 각별하다. 그래서 실내조명도 전시용 조명으로 했다고...

아직 정비가 되지 않은 안쪽 공간은 좌식으로 꾸밀 예정이라고 한다.

〈레인보우크림〉의 화장실 공간은 참 특이하다. 분명 남녀로 따로 있는 문을 열고 들어갔는데 가운데 벽이 뻥 뚫려 있다. 일 보는 공간은 분리되어 있지만 가운데 세면대가 있는 공간을 함께 사용하는 것. 처음에는 커다란 거울이 있는 듯 착시에 빠질 수 있으니 주의하자.

 메뉴

1 미용에 좋은 백련초를 넣은 레몬에이드(5,500원). 백련초가 핑크빛 레몬에이드를 만들었다.

2 새우 베이글(6,500원)과 카푸치노(5,000원). 베이글 위에 새우와 치즈를 얹고 오븐에 구워냈다. 따뜻한 빵 위에 가쓰오부시를 뿌린 퓨전 메뉴. 아메리카노나 주스를 더한 세트메뉴(10,000원)로도 즐길 수 있다.

에스프레소를 제외한 다른 커피는 모두 아메리카노로 리필 가능. 병맥주와 와인도 있다.

3 〈레인보우크림〉에서는 쿠폰에 도장 10번을 찍으면 예쁜 그림이 그려진 머그컵을 선물로 준다. 필름카메라를 들고 있다면 카페 마스터에게 자랑하자. 필름카메라를 사용하는 손님에게는 10% 할인 혜택을 준다고..

찰칵 찰칵 DSLR 촬영 Tip

카페에서 찍은 사진에는 무언가 특별하고 멋진 분위기가 있다. 이런 느낌은 어디서 오는 것일까? 가장 큰 이유 중 하나는 조명에 있지 않을까 싶다. 카페에는 크기와 밝기가 다양한 조명들이 있고 빛을 담는 사진은 조명의 크기와 밝기에 따라 다양한 분위기를 만들어낸다. 다양한 조명이 만들어 내는 분위기를 사진에 담아보자.

28-70mm, 1/20s, F4.5, ISO200

작품을 비치는 전시용 조명의 각도가 조금 내려와서 그 아래에 인물을 배치했다. 전시용 조명은 빛을 모아주기 때문에 콘트라스트가 강한 딱딱한 빛이다. 강한 빛은 짙은 그림자를 만들기 때문에 이런 빛을 머리 위에서 쏜다면 그림자가 두드러진 괴기스런 얼굴을 만드는 경우가 발생한다. 그래서 모델의 고개를 들어 얼굴을 조명 쪽으로 향하게 해서 얼굴에 그림자가 생기지 않도록 했다.

28-70mm, 1/60s, F4.5, ISO400

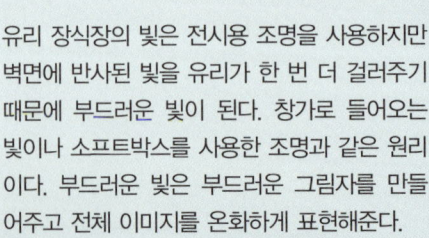

유리 장식장의 빛은 전시용 조명을 사용하지만 벽면에 반사된 빛을 유리가 한 번 더 걸러주기 때문에 부드러운 빛이 된다. 창가로 들어오는 빛이나 소프트박스를 사용한 조명과 같은 원리이다. 부드러운 빛은 부드러운 그림자를 만들어주고 전체 이미지를 온화하게 표현해준다.

28-70mm, 1/15s, F4.5, ISO200

색이 다른 빛이 섞이면 사진이 지저분해지는 경우가 발생한다. 한 얼굴에 얼룩덜룩한 부분이 생기기 때문이다. 그렇다고 색이 들어간 빛이 무조건 나쁘다는 것은 아니다. 평소와는 다른 분위기를 만들고 싶다면 색이 들어간 빛을 이용해 보는 것도 좋은 방법이 된다. 붉은 빛이 도는 조명이 주조명이 되도록 인물을 조명 바로 아래에 배치했다.

28-70mm, 1/40s, F2.2, -1 2/3ev, ISO400

노출 언더로 촬영하고 후보정

28-70mm, 1/13s, F2.2, ISO400

노출계 지시대로 촬영

작은 구멍 사이로 비치는 색조명을 배경으로 삼았다. 밝지 않은 조명이 있다면 배경으로 삼아도 멋진 사진을 만들 수 있다. 조명의 크기가 작을수록 예쁜 배경이 되어 주는데 크리스마스트리에 장식하는 전구들이 좋은 예가 된다. 단, 조명이 작을수록 빛의 양과 세기는 작아진다. 그런 상황에서 사진을 찍다보면 카메라 노출계는 인물을 살리기 위해 노출을 오버시키게 된다. 그러면 인물은 잘 표현되지만 배경이 너무 밝아져서 의도한대로 조명을 살릴 수가 없다. 그럴 경우에는 노출을 배경에 맞춰서(노출 부족으로) 촬영하고 후보정으로 인물의 밝기를 살려주자.

36

뚜벅이 김기자의 카페이야기 네 번째 카페마당

arco baleno

아르꼬 발레노

- ■■ **Open** 15:00 ~ 23:00(오전 중에 이용하려면 예약 가능)
- ■■ **Tel** 02-566-3754
- ■■ **Home** www.arcorosa.com
- ■■ **Add** 서울시 마포구 상수동 71-9

외관, 전경

이탈리아 어로 아르꼬는 아치, 발레노는 고래를 뜻한다. 두 단어가 합쳐져서 아르꼬 발레노, 무지개란 뜻이 되었다고... 〈아르꼬 발레노〉의 주인장은 이탈리아에서 그림 공부를 하고 지금은 전시 · 공연기획과 요리에 빠져 있는 활달한 성격의 여장부다. 카페에 들어서서 3분만 이야기를 나누면 누구나 친구가 될 수 있는 그런 사람. 그 재미에 빠져서 한두 번 카페를 찾다보면 〈아르꼬 발레노〉는 무지개 끝에 묻혀 있다는 보물과 같은 그런 장소가 될 것이다.

세부

〈아르꼬〉의 출입문에는 항상 예쁜 손글씨로 쓴 메모가 붙어 있다. 알리는 내용은 오픈 시간이나 이벤트 등. 오랜만에 보는 잉크에 펜촉을 묻혀 쓴 손글씨가 제일 먼저 정감어린 인사를 건넨다.

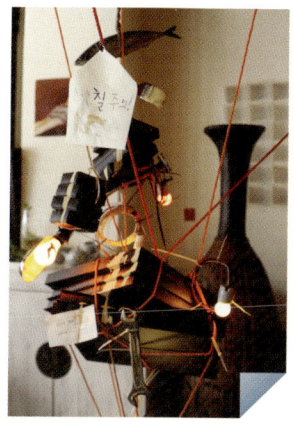

카페에 들어서면 제일 먼저 눈에 띄는 것이 이상스런 조형물들. 카페에서는 언제나 작가들의 전시가 열리고 있다.

미술을 전공한 주인장의 그림.

〈아르꼬〉의 가구들은 모두 스기라는 일본 삼나무와 오크로 만든 원목 가구들. 천식이 있는 주인장이 주문 제작한 나무 가구들은 6년간 피톤치드를 뿜어낸다고… 실내에서는 맑은 공기를 유지하기 위해 금할 것이 많을 것 같지만 〈아르꼬〉는 실내 흡연이 가능한 카페. 몸에 좋은 것과 흡연의 즐거움은 별개라는 낙천적 성격의 소유자 주인장의 주장이다.

〈아르꼬〉에서는 매주 와인 파티가 열린다. 다양한 직업의 사람들이 모이는 파티는 10명 안팎의 규모. 참가비만 지불하면 누구든 파티에 참가할 수 있다. 파티에서는 블라인드 테스트가 열리기도 하고 참여한 손님이 주방에서 직접 요리를 할 수도 있다고..

 메뉴

1 〈아르꼬〉의 메뉴판. 낱장의 종이 위에 펜으로 메뉴를 적어 놓았다. 메뉴의 이름과 내용, 조리법까지 모두 손으로 쓰고 그림도 그려 넣었다. 카페 메뉴판들 중 가장 성의 있고 예뻤던 메뉴판이다.

2 아르꼬 발레노 알라 테라(33,000원). 삼겹살에 비트(beet)와 마늘꽃을 얹은 요리. 샐러드와 가지 요리가 곁들여 나온다. 〈아르꼬〉의 요리는 재료비만 음식 값의 40% 이상. 매일매일 싱싱한 재료를 구하기 위해 장을 보는데 장보는 시간이 길어져서 카페 오픈 시간도 늦어진다고..

〈아르꼬〉의 디너 메뉴는 예약이 필수. 하우스 와인과 한 잔에 10,000원 하는 그라파(와인을 증류한 50°짜리 이태리 술)가 제공된다. 가격대는 40,000원에서 150,000원까지. 메뉴를 조정하면 가격 조절도 가능하다고..

3 〈아르꼬〉의 커피(5,000원)는 핸드드립. 가격은 조금 비싸지만 갖가지 제공되는 서비스가 많다. 주인장과 이것저것 대화를 나누다보면 직접 구운 쿠키나 떠먹는 초콜릿을 맛보기로 주기도 한다. 핸드드립이지만 리필도 무한대.

4 〈아르꼬〉에서는 카드와 수첩 같은 팬시 제품을 제작한다. 카페에서 판매하는 제품은 초콜릿박스. 크기별로 다양한 사이즈가 준비되어 있다.

찰칵 찰칵 DSLR 촬영 Tip

인물 촬영에서 가장 어려움을 겪는 부분은 어떤 것일까? 구도, 배경, 노출 등 여러 사항이 있겠지만 아마추어 사진가에게 있어서 가장 어려운 부분은 아마도 포즈가 아닐까 싶다. 전문 모델이 아닌 친구나 가족을 촬영할 때, 쉽게 할 수 있는 말이 '여기 서 봐'이다. 어느 정도 배경과 구도는 잡았지만 막상 카메라 앞에 사람을 세울 때면 생각나는 포즈가 별로 없다. 막상 구상한 포즈가 있어서 친구나 가족에게 그대로 시키더라도 결과는 어색하고 뻘쭘하다. 모델이 되는 사람이 카메라 렌즈에 익숙하지 않거나 다른 사람들 앞에서 수줍음을 탄다면 포즈는 부자연스러울 수밖에 없기 때문이다. 자연스럽고 보기 편한 포즈를 얻고 싶다면 모델을 상황 앞에 세우지 말고 상황 속에 넣어보자. 어떤 행동을 하는 척하지 말고 진짜로 행동을 하도록 상황을 만들어보는 것이다.

28-70mm, 1/15s, F5.0, ISO200

28-70mm, 1/15s, F4.5, ISO200

〈아르꼬〉에서 파티를 할 때면 손님이 주방에서 직접 요리를 하기도 한다. 핸드드립으로 커피를 뽑을 수도 있고 칼을 들고 토마토를 자를 수도 있다. 사람을 찍고 싶고 어울리는 포즈가 필요하다면 가만히 세워두지 말고 상황과 배경에 어울리는 행동을 시켜보자. 무언가에 열중하는 모습을 카메라에 담는다면 이보다 더 좋은 포즈가 어디 있겠는가.

28-70mm, 1/15s, F5.0, ISO200

상황극을 연출하면 인물의 표정과 몸짓이 자연스러워진다. 가장 큰 수확은 손의 위치와 모양이 제자리를 찾는다는 것이다. 일반적으로 포즈를 취할 때 사람들이 가장 어려워하는 것이 바로 손의 위치이다. 힘없이 내려뜨리면 축 처진 인형 같고 허리에 올리자니 촌스럽고. 그래서 사람들은 팔짱을 끼거나 뒷짐을 지는데 사진의 80~90%가 그런 포즈라면 무슨 재미. 상황극을 연출하면 손이 바빠지고 제 갈 곳을 저절로 찾게 된다. 손이 민망하지 않다면 포즈의 90%는 해결된 것이다.

28-70mm, 1/8s, F5.6, -2/3ev, ISO400

모델이 무엇을 하는지, 어떤 상황 속에 있는지 보여주기 위해 배경을 넓게 잡았다. 배경 속에 녹아드는 자연스런 포즈를 취하게 하려면 무엇이든 진짜로 시켜보자. 후추의 냄새를 맡게 하고 먹여도 보는 것이다. 깊은 주름을 만들며 찡그리는 콧등과 질끈 감은 눈이 만들어내는 표정은 가장 생생하고 자연스런 포즈를 만들어준다.

국민은행
홍대프라자
서교동주민센터
홍익어린이공원
예소극장
컬트홀 인클라우드
동부빌딩
문예빌딩
석진빌딩
홍대체육관
금산빌딩
동강빌딩
진흥하이츠원룸
텔레비전12
서원빌딩
중산빌딩
레아
다원빌딩
청송빌딩
유창빌딩
홍익대부속초등학교
서명빌딩
아벡누
교연빌딩
405치킨
홍익빌딩
아트빌딩
레인보우크림
클럭와이즈
바우하우스
화목빌딩
코드
코미빌딩
버닝하트
삼송빌딩
카페비
키라키라
극동방송
GS빌딩
아일
창밖을봐
사다리
극동빌딩
더빌레
스토브
티케
VW
다락
그림책상상
재리
물고기
토끼의지혜
RJ포트
아르꼬발레노
은하수다방
필라멘트
호호미율
미즈모던
앳홈
하루
서궁빌딩
딩
즐거운북카페
18그램
브라운센트
영빈빌딩
카페디
상수빌딩
① ②
6호선 상수역
④ ③
엘림오피스텔

37

뚜벅이 김기자의 카페이야기 네 번째 카페마당

in Cloud 인클라우드

■■ **Open** 11:00 ～ 23:00

■■ **Tel** 02-326-3950

■■ **Add** 서울시 마포구 서교동 360-10

 외관, 전경

〈인클라우드〉는 골목길 안에 잘 숨어 있다. 홍대 앞이 초행인 사람은 찾기가 까다로운 골목길 안쪽에 있어서 카페를 찾으려면 애를 좀 먹어야 할 정도이다. 카페가 구석진 곳에 있다고 손님이 적은 것은 아니다. 〈인클라우드〉는 여느 카페와는 달리 낮에도 손님이 많은 편이다. 그도 그럴 것이, 카페를 둘러싼 하늘색 나무 울타리와 산뜻한 녹색으로 단장한 카페를 보면 누구든 잠시 머무르고 싶은 충동이 들 정도다.

사람들을 유혹하는 〈인클라우드〉의 매력 중 하나는 멋진 야외 공간. 정면인가 하면 옆면인 듯하고, 완전히 오픈된 듯하면서도 울타리로 둘러싸인, 구석의 공간감이 포근함을 느끼게 하는 야릇한 공간이다. 카페를 돋보이게 하는 또 다른 요소는 바로 골목길 담벼락에 그려진 예쁜 벽화. 골목길을 사이에 두고 마주하고 있는 카페와 벽화는 서로 상승효과를 일으켜 환상적인 골목길을 만들어주고 있다. 그래서 이곳에는 일부러 사진을 찍으러 오는 사람들도 많다고...

카페의 실내는 단순한 색의 조합으로 깔끔한 느낌이 들도록 했다. 하얗게 칠한 벽과 천장, 녹색의 테이블과 책장 그리고 카페 한가운데 자리한 나무색 주방까지. 흰색과 녹색, 나무색의 조화는 더 이상 빼거나 더할 것 없는 상큼한 조화를 이루고 있다. 디자인 일을 하고 있는 카페 주인장의 솜씨가 배어 있는 인테리어이다.

🔍 세부

〈인클라우드〉의 출입문 양 옆에는 몽환적인 분위기의 예쁜

소녀 그림이 그려져 있다. 카페 분위기와 200% 들어맞는 이 벽화는 소녀를 콘셉트로 그림을 그리는 노건호 작가의 작품. 카페의 한 쪽에는 작가들의 작품으로 만든 수첩과 스티커 같은 팬시 제품을 판매하고 있다.

카페 곳곳에 놓인 소품과 장식물은 카페 주인장이 여행을 다니면서 모은 기념품들. 아기자기하고 깜찍한 모양의 소품들이 전체적인 카페 분위기를 여성스럽게 꾸며주고 있다. 그래서인지 〈인클라우드〉를 찾는 대부분의 손님은 여성. 평일 저녁 손님으로는 직장 여성들이 많고 주말에는 커플이 많다고 한다.

〈인클라우드〉의 특징 중 하나가 바로 친절하고 개성 있는 아르바이트들. 콘서트를 기획하고 싶을 정도로 아르바이트생 중에는 음악하는 친구들이 많단다.

Tip

〈인클라우드〉를 찾아가는 쉬운 방법. 홍대 정문 앞 넓은 터에 보면 작은 꽃집이 있는데 그 옆으로 난 샛길로 내려가면 바로 카페가 나온다. 내려가는 길의 경사가 심하니 하이힐을 신은 경우에는 주의할 것.

 메뉴

1 소문난 녹차빙수(7,500원). 〈인클라우드〉에서 가장 인기 있는 메뉴는 바로 녹차를 왕창 넣은 녹차빙수. 여름이면 녹차빙수가 놓이지 않은 테이블이 없을 정도로 인기 메뉴이다. 진하고 약간 떨떠름한 맛이 최고의 디저트.

2 허니 레몬티 (6,500원). 특별히 예쁜 찻잔에 나오는 허니 레몬티는 진한 꿀을 듬뿍 넣은 달콤한 맛에 숙취함이 가시지 않은 오후에 해장용으로도 좋을 듯.

3 생크림이 따로 나오는 넙적한 팬케이크(4,500원)도 〈인클라우드〉의 인기 메뉴.

주류로는 병맥주가 있고 프랑스식 간식과 함께 상그리아를 준비할 예정이다. 가을 이후에는 향긋한 와인향도 즐길 수 있다.

〈인클라우드〉의 좋은 점은 1인 1메뉴가 아니어도 눈치주지 않는다는 것. 주머니 사정이 여의치 않다면 눈치보지 말고 여유 되는 대로 주문하자.

찰칵 찰칵 **DSLR 촬영 Tip**

일반적인 사람들이 보는 세상의 모습은 수직과 수평이 똑바른 모습이다. 신문의 활자도 반듯하고 TV 드라마에서 보는 화면도 반듯하다. 네모난 틀 안의 많은 것들은 반듯하게 존재한다. 그러다가 뮤직비디오나 CF에서 비뚤어진 화면을 접하게 되면 우리는 전혀 새로운 세상을 보는 듯 신선한 느낌을 받게 된다. 사각의 프레임을 삐딱하게 틀어보자. 세상의 모든 것이 반듯해야 할 이유는 없다.

28-70mm, 1/20s, F5.6, -2/3ev, ISO400

17mm, 1/20s, F4.5, ISO400

아기자기하고 다양한 소품을 배경으로 인물을 배치하고 카메라를 기울였다. 카메라를 기울인다는 것은 다른 시선으로 바라본다는 것. 보는 시선을 다르게 하고 촬영했으면 사진으로 보이는 결과도 다르게 보여야 한다. 그래서 일부러 수직이나 수평으로 놓인 자잘한 소품들이 배경에 들어오게 했다. 아무것도 없는 밋밋한 벽이나 바닥을 배경으로 촬영을 한다면 아무리 카메라를 기울인들 무슨 차이가 있으랴. 사진의 네모난 틀이 제대로 삐딱하게 비뚤어 보이려면 주제가 되는 대상뿐만 아니라 배경도 함께 비뚤어져야 한다.

70-200mm, 1/320s, F4, -1 1/3ev, ISO200

똑바로 된 세상보기에 익숙한 사람들에게 비뚤어진 구도는 불안감을 조성한다. 사진 속 모델은 차분히 앉아있지만 기울어진 구도 속에서는 안정되지 않은 느낌을 전달한다. 기울어진 구도로 생긴 불안감이 가만히 앉아있는 포즈의 안정성을 파괴하고 운동감을 만들기 때문이다. 사진이 평범하고 밋밋하다면 기울기를 높여 보자.

소실점이 생기는 구도이다. 똑바로 된 구도라면 화면 가운데로 멀어지는 소실점과 좌우대칭의 모양으로 균형감 있는 사진이 되겠지만 화면을 비뚤게 하면 아주 불안정하지만 역동적인 사진이 되었다. 허리를 세우고 보는 세상과 허리를 굽히고 다리 사이로 보는 세상의 모습이 전혀 다르듯이 카메라를 기울임으로써 전혀 다른 세상을 볼 수 있다.

17mm, 1/80s, F8, +2ev, ISO200

국민은행
홍대프라자
서교동주민센터
홍익어린이공원
예소극장
석진빌딩
컬트홀
인클라우드
동부빌딩
문예빌딩
금산빌딩
텔레비전12
홍대체육관
동강빌딩
진흥하이츠원룸
레아
서원빌딩
다원빌딩
중산빌딩
유창빌딩
청송빌딩
서명빌딩
아벡누
교연빌딩
405치킨
홍익빌딩
아트빌딩
레인보우크림
클럭와이즈
바우하우스
홍익대부속초등학교
코드
코미빌딩
화목빌딩
카페비
버닝하트
삼송빌딩
GS빌딩
아일
키라키라
극동방송
티케
사다리
극동빌딩
창밖을봐
더빌레
스토브
재리
물고기
VW
다락
그림책상상
RJ포트
토끼의지혜
아르꼬발레노
은하수다방
필라멘트
미즈모던
호호미율
앳홈
하루
빌딩
즐거운북카페
브라운센트
18그램
서궁빌딩
영빈빌딩
카페디
상수빌딩
6호선 상수역
① ②
엘림오피스텔
④ ③

38

TELEVISION12

텔레비전12

- **Open** 12:00 ~ 24:00(주말은 새벽 1시까지)
- **Tel** 02-3143-1210
- **Home** www.theartagency.co.kr
- **Add** 서울시 마포구 서교동 360-12

 외관, 전경

여름이 시작될 무렵, 공사를 하던 이층집이 카페가 되었다. 천장을 뜯어내고 벽을 허물어 시멘트 벽돌이 드러난 모습에 한창 공사가 진행 중인가 싶었는데 그 모습 그대로 카페가 되어 있었다. 새로운 카페의 이름은 〈텔레비전12〉. 공사 중인 듯한 실내디자인이 인상적인 카페다.

〈텔레비전12〉의 특징을 꼽으라면 마감되지 않은 듯한 실내. 뼈대를 드러낸 천장과 철거하다 만 듯한 타일 그리고 속살이 드러난 외벽까지. 첫인상은 버려진 창고처럼 휑한 느낌이지만 그 안에 있다보면 꾸미지 않은 소탈함에 자연스러움과 편안함이 느껴진다.

 **세부**

카페의 내부는 막힘없이 트여서 하나의 공간처럼 보인다. 그러나 자세히 보면 각각 다른 공간적 특성을 지닌 4개의 부분으로 구분된다. 카페의 가운데를 차지한 넓고 여유로운 홀과 실외 공간과 다름없는 마당쪽 방은 서로 연결되어 있지만 확연히 구분되고, 유리창으로 둘러싸인 베란다 공간은 높이가 홀보다 조금 낮아서 아늑한 기분을 주고 있다. 실내 채광이 좋아서 전체적인 공간이 밝은 느낌이라면, 가장 안쪽 방은 다른 공간과는 달리 어둡고 폐쇄적이다. 〈텔레비전12〉는 하나의 열린 공간이면서도 다양한 개성이 존재하는 공간적 특성을 지닌 카페이다.

시각디자인을 전공한 카페 주인장은 갤러리와 카페를 동시에 운영하고 싶은 마음에 전문적인 갤러리 카페를 생각해냈다. 그래서 1층은 카페로 2층은 전시장으로 꾸미게 되었단다. 카페에서 전시를 하게 되면 갤러리의 효과가 떨어져서 2층에 전시공간을 따로 만들었다. 1층 카페에서는 소장품을 전시하고 2층 전시장에서는 기획전 위주로 전시를 한다. 전시기획도 주인장이 맡아서 한다. 그림을 좋아하고 작가와 친해지고 싶어서 새로운 전시를 할 때면 오프닝 파티도 열고 있다. 전시기간은 2~3주 정도.

〈텔레비전12〉에는 테이블마다 다양한 의자들이 놓여 있다.

 메뉴

1 기호에 따라 만들어 마시는 아메리카노(4,500원). 에스프레소 2샷과 따뜻한 물이 따로 나오기 때문에 커피를 원하는 진하기로 만들어 마실 수 있다.

2 B.L.T 파니니(7,000원)와 칵테일에이드(7,000원). 바삭한 베이컨의 씹는 맛이 좋은 파니니. 4가지 종류의 파니니를 6,000원에서 9,000원의 가격에 먹을 수 있다. 시원한 차에 소다와 시럽을 추가해서 레이어를 만든 티칵테일.

3 와플과 티라떼(7,000원). 벨기에식 와플에 일본 긴자식 반죽으로 달콤하고 담백한 맛을 냈다. 와플 위에 듬뿍 올린 생크림은 카페에서 직접 만든 생크림. 가격은 크기에 따라 6천 원, 7천 원, 8천 원. 티라떼는 홍차로 만든 밀크티. 거품을 풍부하게 하기 위해 우유 거품을 따로 내서 올렸다.

아메리카노와 에스프레소는 1,000원에 리필이 가능하고 주류로는 병맥주와 와인이 있다. 와인 종류는 몇 되지 않지만 다양한 크기의 상그리아가 준비되어 있다. 상그리아 가격은 한 잔에 7,000원, 1리터 20,000원, 2리터 35,000원이다.

DSLR 촬영 Tip

일반적으로 인물사진에서 프레임 안에 해가 들어오는 역광은 문제적인 노출상황으로 인식되어서 촬영을 피하는 경우가 많다. 노출보정이 되지 않거나 매뉴얼 노출이 되지 않는 조악한 카메라에서는 밝은 태양에 노출을 맞춰버려서 화면 전체가 새까맣게 되거나 인물의 얼굴이 분간할 수 없을 정도로 어둡게 나오기 때문이다. 그러나 태양을 마주보는 역광 촬영은 일반적인 인식과는 반대로 밝고 따뜻한 느낌의 사진을 만들어 주기도 한다. 문제의 해결은 바로 매뉴얼 노출. 귀찮다는 이유로 멀리했던 매뉴얼 노출의 마술 같은 효과를 체험해보자.

28-70mm, 1/1600s, F4.5, ISO100

28-70mm, 1/200s, F4.5, ISO100

왼쪽 사진은 AV(조리개우선)에서 측정된 노출값대로 촬영한 것으로 측정 모드는 중앙중점식이다. 측정 모드를 스폿으로 해서 인물에 노출을 맞추면 어느 정도 밝은 사진을 얻을 수 있겠지만 스폿이 없어서 다른 모드로 촬영한다면 왼쪽 사진과 마찬가지로 전체적으로 어두운 사진을 보게 될 것이다. 이제 노출모드를 MV(수동)으로 놓고 노출을 맞춰 보자. 수동으로 노출을 맞추더라도 노출계가 지시하는 적정 노출대로 사진을 찍는다면 결과는 마찬가지이다. 노출계의 지시대로 노출을 맞춘다면 AV나 MV나 다름이 없는 것이다. 노출계의 지시를 무시하고 노출오버를 시켜보자. 조리개를 열든가 셔터 스피드를 낮추는 것이다. +1, +2를 지나 과노출을 경고하는 지점까지 노출을 오버시킨다. 왼쪽과 오른쪽 사진의 셔터 스피드는 1/1600s과 1/200s, 3stop 차이가 나도록 노출을 오버시켰다. 배경은 하얗게 날아가지만 따뜻하고 화사한 이미지를 얻을 수 있다.

Tip in Tip
1. 화사한 분위기 속에서 인물을 부각시키고 싶으면 플래시를 약하게 터뜨려도 좋다.
2. 빛 간섭으로 생기는 플레어의 모양은 조리개를 조일수록 각진 모양이 된다.

국민은행
홍대프라자
서교동주민센터
홍익어린이공원
예소극장
석진빌딩
컬트홀
인클라우드
동부빌딩
문예빌딩
금산빌딩
홍대체육관
동강빌딩
진흥하이츠원룸
텔레비전12
레아
서원빌딩
다원빌딩
중산빌딩
유창빌딩
청송빌딩
서명빌딩
홍익대부속초등학교
아벡누
교연빌딩
405치킨
홍익빌딩
아트빌딩
레인보우크림
콜락와이즈
바우하우스
코드
화목빌딩
삼송빌딩
카페비
코미빌딩
버닝하트
GS빌딩
아일
키라키라
극동방송
창밖을봐
사다리
극동빌딩
더빌레
스토브
티케
VW
다락
물고기
그림책상상
재리
토끼의지혜
RJ포트
아르꼬발레노
은하수다방
필라멘트
호호미율
앳홈
하루
즐거운북카페
미즈모던
브라운센트
18그램
서궁빌딩
영빈빌딩
상수빌딩
카페디
6호선 상수역
① ②
④ ③
엘림오피스텔

39

뚜벅이 김기자의 카페이야기 네 번째 카페마당

HOHO MYOLL
호호미율

- **Open** 12:00 ~ 24:00
- **Tel** 02-322-6473
- **Add** 서울시 마포구 상수동 93-44

 외관, 전경

극동방송국에서 상수역으로 가다보면 카페테라스에 앉아서 햇살을 즐기는 ET를 만날 수 있다. 어릴 적 추억을 떠올리는 ET가 반가워서 카페 앞으로 한 발 다가서면 기묘한 광경에 흠칫 놀라게 되는데, 그것은 바로 카페 안에 들어앉은 폭스바겐 웨건. 어덜트의 로망인 폭스바겐 웨건 한 대가 온전히 카페 안에 들어와 있다. 카페 분위기와 200% 크로싱되는 미니버스는 홍대 앞에서 꼭 찾아봐야 할 명물. 〈호호미욜〉은 폭스바겐 웨건으로 기억되는 별난 카페이다.

깜찍한 폭스바겐 웨건에 이끌려 들어선 카페는 미니버스만큼 예쁘고 깜찍하게 꾸며져 있다. 아기자기하고 다양한 소품들이 가득한 카페는 빈 곳을 찾기가 어려울 정도. 바닥과 창틀, 테이블 위까지 예쁜 소품들이 놓여 있어서 어떤 것이 소품인지 어떤 것이 가구인지 분간하기 힘들 정도이다.

 세부

〈호호미욜〉에서 단연 눈에 띄는 것은 폭스바겐 웨건. 단순한 장식품이 아니라 여러 역할을 수행하는 사랑스런 愛物단지(?)이다. 클래식한 웨건의 얼굴은 바로 카페의 얼굴. 간판이 따로 필요 없다. 좁아 보이는 내부이지만 주방으로 활용하기엔 충분한 실내. 싱크대와 에스프레소 머신까지 갖출 건 다 갖췄다. 뒷문을 활짝 연 트렁크는 소품들을 진열하는 장식장. 갖가지 소품들이 즐비해도 여유 공간이 남아 작은 바로 활용할 수도 있다.

카페 안쪽에 있는 본래 주방과 주방을 둘러싼 바. 바에는 수많은 소품과 진열 공간까지 있어서 바인지 진열대인지 구분이 되지 않는다.

〈마르샹 드 레규움〉의 소품들이 진열된 작은 부스와 카페 곳곳에서 폭스바겐 웨건을 볼 수 있다. 장난감 미니카에서 브로셔, 벽에 그려진 벽화까지, 〈호호미욜〉은 미니버스의 천국이다.

 메뉴

〈호호미욜〉에서 가장 인기 있는 메뉴인 바나나 초코 머핀(3,000원)과 민트 초콜릿(5,500원). 촉촉하고 달지 않은 홈 메이드 머핀의 맛과 민트향이 상쾌한 따뜻한 초콜릿이 제법 잘 어울린다.

찰칵 찰칵 DSLR 촬영 Tip

〈호호미욜〉에는 각양각색의 소품들이 넘쳐난다. 이러한 소품을 이용하여 포즈를 취해보자. 카페 분위기와 어울리는 동심 가득한 표정이 살아날 것이다.

28-70mm, 1/20s, F4.5, +1ev, ISO400

28-70mm, 1/30s, F4.5, +1/3ev, ISO400

장난감 전화기로 통화하는 그 모습을 찍으려 했더니 보통 앵글로는 너무나 평범하고 일상적인 모습으로 보이는 게 아닌가. 사진이 재미가 없고 밋밋해 보이는 것이다. 그래서 카메라를 낮추고 로우 앵글로 접근하니 일상적인 모습이 옅어지면서 극적인 분위기가 살아난다. 사진이 평범하고 색다른 것이 없을 때, 앵글에 변화를 주어 보자. 평소 바라보던 눈높이에서 조금만 낮추거나 올려본다면 세상은 다른 모습으로 다가올 것이다.

28-70mm, 1/20s, F4.5, ISO400

사진 찍기를 좋아하는 사람이라면 촬영에 열중하는 다른 사람의 모습을 카메라에 담아본 적이 있을 것이다. 무언가에 열중하는 사람의 모습은 아름답다. 그 열중하는 모습이 사진 찍기에 푹 빠진 것이라면 더욱 멋져 보일 것이니 이보다 좋은 피사체가 어디 있을까. 누군가와 함께 촬영을 나갔다면 잠시 주위를 살펴보고 사진 찍기에 몰두한 동료의 모습을 찍어보자. 나중에 사진을 선물로 준다면 그 사람에게는 최고의 프로필 사진이 될지도 모를 일이다.

소품을 촬영하기 위해 바 테이블에 바짝 붙은 모델의 모습을 찍었다. 얼굴을 잡기 위해 카메라를 낮췄더니 렌즈가 테이블 바로 위에 놓이게 되었고 렌즈와 테이블의 거리가 매우 가까워져서 자연스레 터널 효과가 나타났다. 주피사체는 선명하고 주위가 흐려지는 터널 효과는 주제를 강조하고 환상적인 분위기를 만들어낸다. 카메라 렌즈가 지면이나 바닥에 극도로 가까울 때, 그리고 주제가 되는 대상이 멀지 않을 때 이런 터널 효과를 낼 수 있다.

28-70mm, 1/20s, F4.5, +0.5ev, ISO400

전구 달린 화장대 같은 부스 앞에서 포즈를 취했다. 연예인 화보나 뷰티 광고에 빠지지 않고 등장하는 전구 달린 화장대. 누구든 그 앞에 서면 분위기 있는 모델이 될 수 있다. 빛의 마술이랄까? 자동노출로 촬영한다면 모델의 얼굴이 너무 어두워지지 않도록 노출보정을 밝게 해주는 것을 잊지 말자.

World Vision

"제가 걸을 수 있다는 게 신기해요."

노마르(13세 · 볼리비아)는 양을 치는 목동입니다.

고산지대의 매서운 칼바람에 언 볼의 상처가 다시 터져도

양을 쫓아 신나게 뛰어다니곤 합니다.

다시 뛸 수 있는 것이 마냥 행복하기만 합니다.

노마르는 3년 전 절벽에서 떨어져 다리를 다친 후

2년 동안 목발에 의지해 겨우 걸었습니다.

선생님이 되고 싶었지만, 혼자 힘으론 학교에 갈 수도 없었습니다.

그러다 지난해, 후원자님의 도움으로 수술을 받아 기적적으로

다시 걷게 되었습니다. "제가 걷는다는 게 꿈만 같아요."

한국 후원자님이 선물한 곰인형을 손에서 놓지 않는 노르마.

이제 노르마의 꿈도 다시 날아오르겠지요?

후원신청 02-784-2004 www.worldvision.or.kr

나눔을 위한 약속

성명		E-mail	
전화번호		휴대전화	
후원 자료를 받아 보실 주소			

□ 지로를 원하시는 분

□ 자동이체를 원하시는 분 예금주 주민번호와 서명이 꼭 필요합니다

은행명		이체일	□ 10일	□ 25일
계좌번호				
예금주		예금주 서명		(인)
예금주 주민등록번호				

□ 카드 결제를 원하시는 분 카드 종류와 유효기간을 꼭 기록해주세요

□ BC카드   □ 삼성카드   □ 롯데카드   □ 국민카드   □ 외환카드

□ 현대카드   □ 신한카드

카드번호　□□□□ - □□□□ - □□□□ - □□□□

카드유효기간　　　년　　　월　　　카드주 성명

원하시는 후원란에 V표 해 주세요

1. 아동 결연 후원

해외 아동 후원	□ 월 3만 원	명
국내 아동 후원	□ 월 5만 원	명

2. 사업 후원	□ 월 1만 원	□ 월 2만 원	□ 월 3만 원	□ 기타

□ 사랑의 도시락 사업   □ 꽃때말공부방 사업   □ 해외 특별 사업   □ 긴급구호사업

□ 북한 사업   □ 에이즈 예방 및 치료 사업   □ 도움이 가장 필요한 사업

월드비전은 전 세계 100여 개 나라에서 도움이 필요한 1억 명의 지구촌 이웃들과 함께 일하는 세계 최대의 기독교 구호 개발 NGO입니다.

뚜벅이 김기자의 홍대입구

카페 산책 이야기

분위기 있는 연출사진촬영 TIP

1판 1쇄 인쇄 2009년 3월 30일
1판 1쇄 발행 2009년 4월 5일

지은이 김성용
펴낸이 이미옥
펴낸곳 디지털북스
정   가 13,000원
등록일 1999년 9월 3일
등록번호 220-90-18139

주   소 서울 광진구 능동 253-21 (우편번호 143-849)
전화번호 (02) 447-3157~8
팩스번호 (02) 447-3159

www.digitalbooks.co.kr

ISBN\978-89-6088-049-8 (13900)

저자 합의
인지 생략

뚜벅이 김기자의 카페 산책 이야기 분위기 있는 연출사진촬영 TIP
DIGITAL BOOKS
www.digitalbooks.co.kr
D-09-06

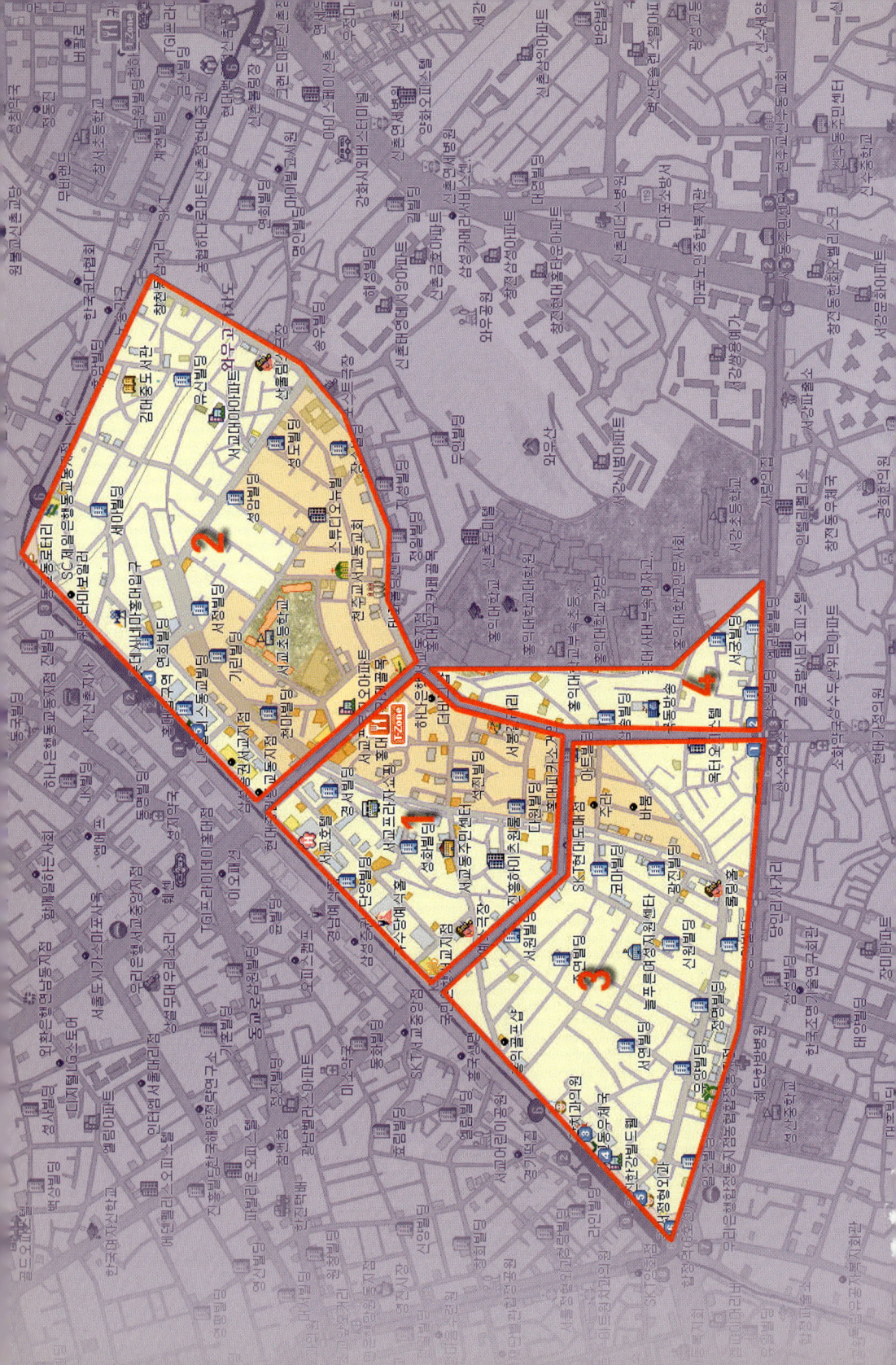

Coupon

제 2지역·쿰
gallery cafe kkoomm
20% 할인
Tel 02-338-7077
Home www.kkoomm.com

제 2지역·카카오붐
카카오붐
싱기봄 조콜릿 1개 제공
Tel 02-3141-4663
Home www.cacaoboom.com

제 3지역·엣홈
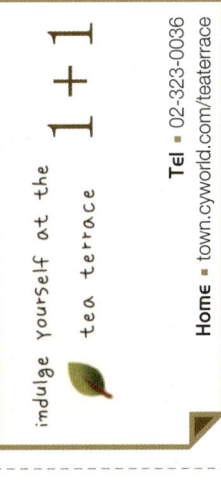
cafe at home
1 + 1
Tel 02-337-7273
Home www.cafeathome.co.kr

제 1지역·멜로우
cafe mellow
멜로 주문시 1,000원 할인
Tel 017-725-9884
Home http://blog.naver.com/cafe_mellow

제 2지역·언도
cafe undo
20% 할인
Tel 02-3141-2090

제 3지역·바우하우스

BAU house
애견간식 2,000원 상당
Tel 02-334-5152
Home bau.cyworld.com

제 1지역·묵타

Gallery cafe mukta
1 + 1(한잔낼내), 이후에는 10% 할인
Tel 02-336-1488
Home www.mukta.co.kr

제 2지역·던스카페
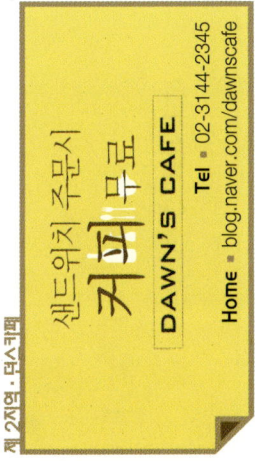
샌드위치 주문시 커피무료
DAWN'S CAFE
Tel 02-3144-2345
Home blog.naver.com/dawnscafe

제 2지역·티테라스
indulge yourself at the tea terrace
1 + 1
Tel 02-323-0036
Home town.cyworld.com/teaterrace

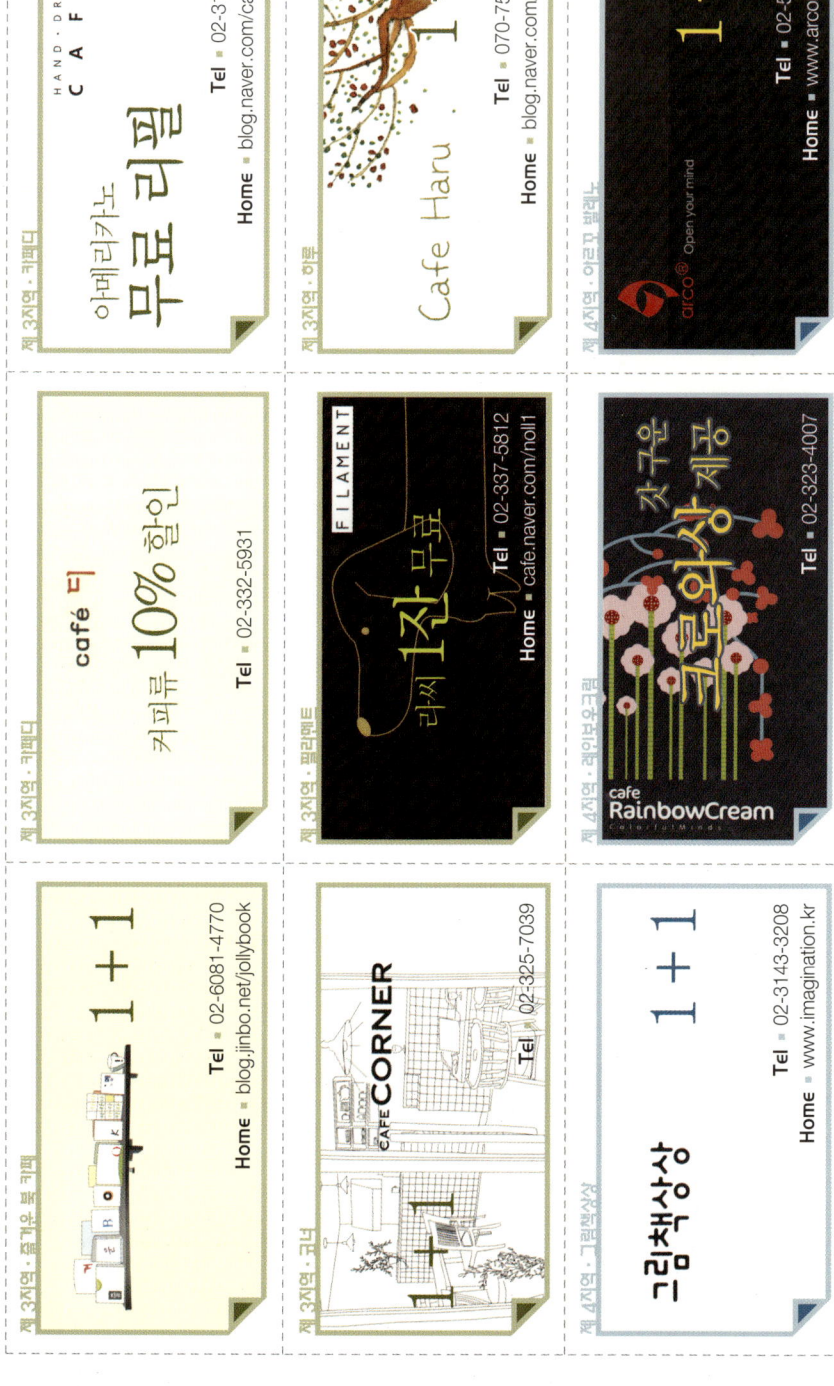

Coupon

제 3지역 · 카페티
아메리카노
무료 리필

HAND · DRIP
CAFE
B

Tel ■ 02-3142-9883
Home ■ blog.naver.com/cafebcafeb

제 3지역 · 하루
Cafe Haru
1 + 1

Tel ■ 070-7594-7516
Home ■ blog.naver.com/cafeharu

제 4지역 · 아르코 미술관
1 + 1

arco® Open your mind

Tel ■ 02-566-3754
Home ■ www.arcorosa.com

제 3지역 · 카페티
café 티
커피류 **10%** 할인

Tel ■ 02-332-5931

제 3지역 · 필라멘트
FILAMENT
라씨 1잔 무료

Tel ■ 02-337-5812
Home ■ cafe.naver.com/noll1

제 4지역 · 레인보우크림
갓구운
크로와상 제공

cafe
RainbowCream

Tel ■ 02-323-4007

제 3지역 · 즐거운 북가페
1 + 1

Tel ■ 02-6081-4770
Home ■ blog.jinbo.net/jollybook

제 3지역 · 코너
CAFE **CORNER**
1 + 1

Tel ■ 02-325-7039

제 4지역 · 그림책상상
그림책상상
1 + 1

Tel ■ 02-3143-3208
Home ■ www.imagination.kr